Der Sanktionen Kompass

Der praxisorientierte Ratgeber für Unternehmer zum erfolgreichen Durchqueren des sanktionsrechtlichen Dschungels

Tatjana Wödlinger, LLB, LL.M.
Mag. Peter F. Firzinger

Umschlaggestaltung: Buchschmiede von Dataform Media GmbH

Druck und Vertrieb im Auftrag der Autoren: Buchschmiede von Dataform Media GmbH, Wien

www.buchschmiede.at - Folge deinem Buchgefühl!

Besuche uns online

ISBN:
978-3-99165-073-7 (Paperback)
978-3-99165-086-7 (Hardcover)
978-3-99165-072-0 (E-Book)

PRINTED IN AUSTRIA

Disclaimer:
Der Inhalt richtet sich nach der Rechtslage zum 01.12.2023.
Als Musterbeispiel für EU-Sanktionsmaßnahmen wird die EU-Sanktionsverordnung 833/2014 mit Stand 01.10.2023 herangezogen.

Autoren

Tatjana Wödlinger LL.B., LL.M.,

Seit ihrem Studium der Rechtswissenschaften an der Hochschule Pforzheim und der Golden Gate University in San Francisco ist Frau Wödlinger als Expertin in Compliance-Abteilungen nationaler und internationaler Unternehmen der Automobil- und Bankenbranche in den Bereichen Wirtschaftskriminalität, Betrugsbekämpfung, Geldwäsche und Sanktionenmanagement tätig.

Mag. Peter F. Firzinger

Seit dem Abschluss des Studiums der Rechtswissenschaften an der Johannes-Kepler-Universität in Linz/Österreich mit dem Schwerpunkt Europäisches und Internationales Recht und seines Abschlusses der Gerichtspraxis, ist Mag. Firzinger in österreichischen Banken in deren Compliance-Abteilungen als juristischer Experte tätig, mittlerweile mit über vierjähriger einschlägiger Praxis in der Sanktionen- & Embargoprüfung.

Inhaltsverzeichnis

1. Einführung

Durch den Angriff auf die Ukraine im Februar 2022 sind Sanktionen mittlerweile in aller Munde und deren Auswirkungen selbst im privaten Alltag spürbar. Durch die engen wirtschaftlichen Beziehungen Deutschlands und Österreichs mit Belarus und Russland und dem Fokus der Aufsichtsbehörden auf die Einhaltung aller sanktionsrechtlich relevanten Sorgfaltspflichten (Stichwort: Compliance) ist eine adäquate Sanktionen- & Embargoprüfung für jedes Unternehmen, das Waren mit sanktionierten Ländern handelt oder in diesen bestimmte Dienstleistungen anbietet oder Unternehmen und Personen aus sanktionierten Ländern zu seinen Geschäftspartnern und Kunden zählt, nicht mehr wegzudenken.

Auch wenn vielen die Tragweite erst mit Ausbruch des Ukraine-Krieges bewusst wurde: Sanktionen waren immer da und Sanktionen werden bleiben, denn die Anzahl der Sanktionsmaßnahmen, die Gründe für deren Verhängung und die Bedeutung von sogenannten Sekundärsanktionen wachsen stetig. Damit wächst auch das Risiko, gegen Sanktionsmaßnahmen zu verstoßen und Strafen, Reputationsschäden und Geschäftseinbußen zu erleiden. Im Falle der Secondary Sanctions der USA kann es sogar um das wirtschaftliche Überleben gehen.

Wir befassen uns in diesem Kapitel daher mit den Fragen

1. **WAS** sind Sanktionen?
2. **WARUM** existieren Sanktionen?
3. **WEN** betreffen Sanktionen?
4. **WIESO** muss ich mich an Sanktionen halten?
5. **WER** verhängt Sanktionen?
6. **WIE** entstehen Sanktionen?

1.1 WAS sind Sanktionen?

Sanktionen sind aus unserer Sicht **wirtschaftspolitische Maßnahmen**, die sich je nach ihrem Typ gegen bestimmte Personen, Unternehmen oder Organisationen richten und Beschränkungen für Güter, Dienstleistungen, Technologien oder auf Finanzen und Reisen vorsehen können, um den Handel mit den Betroffenen zu unterbinden und den Aktionsspielraum der Betroffenen einzuschränken.

Wir unterscheiden zwischen:

- **Personenbezogenen Sanktionen**

  Dies sind Sanktionen, welche sich gegen eine **natürliche Person** (einen Menschen) oder eine **juristische Person** (ein Unternehmen, eine Organisation oder Einrichtung) richten. Wenngleich auch eine Vielzahl von natürlichen und juristischen Personen von diesen betroffen sein können, so werden sie doch explizit einzeln in den EU-Sanktionsverordnungen angeführt, mit Namen und sonstigen wichtigen bekannten Informationen, wie etwa Geburtsdatum und Staatsbürgerschaft bei Privatpersonen und Firmensitz, Geschäftsführung und Beteiligungsstruktur bei Unternehmen. Auch die Gründe für die Sanktionierung werden mit angegeben, falls nicht bereits zuvor in einem eigenen Artikel der Grund für die Sanktionierung festgehalten wird.
  Personenbezogene Sanktionen lassen sich grob unterteilen in:

  - **Reisebeschränkungen:** Darunter fallen Ein- und Durchreiseverbote sowie Aufenthaltsverbote für bestimmte Personen.
  - **Finanzbeschränkungen:** Darunter fallen Transaktionsverbote und das Einfrieren von Vermögen.

Im weiteren Sinne kann man (unserer Meinung nach) auch das mittelbare Bereitstellungsverbot dazu zählen.
Gemäß diesem darf eine sanktionierte natürliche oder juristische Person (folglich personenbezogen) auch nicht mittelbar aus einem Geschäft bereichert werden (folglich einen Vermögensvorteil aus dem Geschäft erhalten), an dem sie direkt nicht beteiligt ist. Dazu später mehr.

- **Warenbezogene Sanktionen**

Auch als **Embargos** bezeichnet, richten sie sich gegen den **Handel von Gütern** und können verschieden stark ausgeprägt sein. So etwa kann **ein bestimmtes Gut**, oder aber eine **gesamte Warengruppe**, für den Import aus einem sanktionierten Land und/oder Export in ein sanktioniertes Land sanktioniert werden. Hierbei können die Spezifikationen, durch die ein bestimmtes Gut unter die Sanktionen fällt, sehr detailliert ausgeprägt sein und bspw. vom Stückpreis, der Dichte oder vom Gehalt bestimmter Bestandteile (z.B. Mineralien oder Chemikalien) abhängen.
Warenembargos betreffen jedoch nicht alleine den Handel des sanktionierten Gutes, sondern idR auch damit verbundene **Technologien**, **Finanzhilfen** (z.B Garantien und Export-finanzierungen), **Vermittlungsdienste** und die sogenannte „**technische Hilfe**".

Darunter fällt jede technische Unterstützung im Zusammenhang mit Reparaturen, Entwicklung, Herstellung, Montage, Erprobung, Wartung und jede andere technische Dienstleistung, wie etwa in Form von Anleitung, Beratung, Ausbildung, Weitergabe von praktischen Kenntnissen oder Fertigkeiten (oder in Form von Beratungsdiensten) und schließt auch Hilfe in verbaler Form ein. Folglich können auch bestimmte Dienstleistungen, welche für den Handel des sanktionierten Gutes erforderlich sind, verboten sein.

➢ Dienstleistungsbezogene Sanktionen

Wenn man die mit Finanzbeschränkungen einhergehenden Dienstleistungen, etwa die Abwicklung des Zahlungsverkehrs und des Wertpapierhandels, ausklammert, so ist die Sanktionierung von bestimmten Dienstleistungen ein recht neues Phänomen.
Die Sanktionen gegen Russland haben dazu geführt, dass bestimmte Dienstleistungen wie die Rechts-, Steuer-, IT- und Unternehmensberatung nicht mehr gegenüber der russischen Regierung oder in Russland ansässigen Unternehmen und Organisationen erbracht werden dürfen. Auch Dienstleistungen aus den Bereichen Architektur, Ingenieurwesen, Buchführung, Wirtschaftsprüfung und Marketing sind sanktioniert.
Darüber hinaus wurden auch **Sanktionen gegen einen kompletten Dienstleistungssektor** eingeführt:
Russische und weißrussische Spediteure dürfen grundsätzlich nicht mehr das Unionsgebiet betreten und folglich keine Waren in, aus oder durch die EU transportieren. Dies gilt, mit ein paar Ausnahmen, selbst dann, wenn es keine Embargos gegen die zu transportierenden Güter gibt.
Auch dürfen russische Luft- und Schifffahrtsunternehmen keine Flug- und Schiffshäfen innerhalb der EU mehr ansteuern.

➢ Spezifische Sanktionen vs. Totalembargo:

Von einem **Totalembargo** spricht man, wenn der gesamte Handel mit einem betroffenen Land verboten wird. Dieses Verbot betrifft jedes Gut, egal ob es sich um Import oder Export handelt, ohne Ausnahmen! Waren Totalembargos in früheren Zeiten oft die Regel, ist man mittlerweile weitgehend zu spezifischen Sanktionen übergegangen. Folglich richten sich die Sanktionen nicht gegen den gesamten Handel mit einem Staat, sondern nur gegen einzelne Personen, Unternehmen, Güter oder Wirtschaftssektoren.

Dabei sind teils detaillierte Spezifikationen, Vertragsabwicklungsfenster und Ausnahmen zu beachten.

Aktuelle Beispiele für Totalembargos finden sich in den Sanktionen der USA gegenüber Nordkorea und gegenüber Kuba. Doch auch hier gibt es bereits Ausnahmen, wie für humanitäre Güter.

1.2 WARUM existieren Sanktionen?

Die „Global Sanctions Data Base“[1] definiert 9 Ziele, welche mit Hilfe von Sanktionen erreicht werden sollen[2]:

1. Änderung der Politik
2. Destabilisierung von Regimen
3. Lösung von territorialen Konflikten
4. Verhinderung von Kriegen
5. Beendigung von Kriegen
6. Terrorismusbekämpfung
7. Sicherung und Förderung der Menschenrechte
8. Sicherung und Förderung der Demokratie
9. „Sonstige Ziele“ (z.B. Korruptions- und Verbrechensbekämpfung oder die Verhinderung der Verbreitung von Atomwaffen)

Die Ziele von Sanktionsmaßnahmen sind daher sehr umfassend und stetig wachsend.

Auf den Punkt gebracht betrachten wir Sanktionen als wirtschaftspolitische Maßnahmen gegen Staaten, Personen und Unternehmen, um deren Aktionsspielraum zu beschränken und schlussendlich zu einer Verhaltensänderung zu bewegen.

Das bisherige Verhalten soll bestraft werden, damit der Betroffene zum gewünschten Verhalten wechselt.

---

[1] http://www.globalsanctionsdatabase.com (Stand 01.11.2023).

[2] Felbermayr/Kirilakha/Syropoulos/Yalcin/Yotov, 2020. *"The Global Sanctions Data Base"* School of Economics Working Paper Series 2020-2, LeBow College of Business, Drexel University, revised 30 May 2020, S. 16–20.

Durch die Sanktionen soll daher ein geeignetes Druckmittel geschaffen werden, um die Verhaltensänderung zu erzwingen, sei es direkt durch die sanktionierten Personen selbst oder durch den innenpolitischen und wirtschaftlichen Druck, welcher von der an sich nicht sanktionierten Bevölkerung und den Wirtschaftstreibenden ausgeht, die durch die Auswirkungen der Sanktionen (Inflation, Arbeitslosigkeit, Verarmung) ebenso betroffen sind.
Der Zwang soll durch friedliche, wirtschaftspolitische Maßnahmen erreicht werden, um eine militärische Eskalation zu verhindern.

Es ist das Ziel der EU-Sanktionsverordnung 833/2014 gegen Russland, dass Russland die destabilisierenden Handlungen gegen die Ukraine einstellt.
Das Ziel der EU-VO 269/2014 hingegen ist, dass Russland Maßnahmen, die das Staatsgebiet der Ukraine, deren Souveränität oder Unabhängigkeit bedrohen, einstellt.
Diese beiden Verordnungen wurden im Zuge der Annektierung der Krimhalbinsel und der ostukrainischen Gebiete im Jahr 2014 erlassen.

Inwiefern Sanktionen tatsächlich eine gewünschte Verhaltensänderung bewirken können, hängt dabei von verschiedensten Faktoren ab, etwa der Anzahl und des Zusammenhalts der Sanktionen erlassenden Staaten oder von der wirtschaftlichen Unabhängigkeit und den Ausweichmöglichkeiten des Sanktionierten.

Die EU-Sanktionen von 2014 gegen Russland haben jedenfalls bisher nicht zu der gewünschten Verhaltensänderung geführt und konnten die Eskalation mit dem Angriff Russlands auf die Ukraine im Februar 2022 nicht verhindern.
Mittlerweile wurde der Umfang der Sanktionen gegen Russland deutlich ausgeweitet. Die EU-VO 269/2014 wuchs von 16 Seiten auf 560 Seiten (inklusive der Anhänge). Die EU-VO 833/2017 wuchs von ursprünglich 11 auf 290 Seiten.

Es ist allerdings äußerst unwahrscheinlich, dass die gewünschte Verhaltensänderung alleine durch Sanktionen erzielt werden kann.

Wie wirksam sind Sanktionen?
Eine US-Studie von 1990 untersuchte 115 Sanktionierungen zwischen 1914 und 1990 auf ihre Wirksamkeit. Lediglich in 40 Fällen führten die Sanktionsmaßnahmen zum gewünschten Ergebnis, was einer Erfolgsrate von 34 Prozent entsprach.[3]
Dieses Ergebnis wurde jedoch angezweifelt und in einer Analyse von 1998 wurden nur 5 der 40 vermeintlich erfolgreichen Sanktionsmaßnahmen ein positives Ergebnis bescheinigt[4], in dem Sinne, dass die gewünschte Verhaltensänderung durch die Sanktionen allein erzielt wurde.
In der mittlerweile 3. Auflage von 2009[5] wurde die Studie angepasst und auf den Zeitraum 1914 bis 2008 erweitert. Dieses Mal wurde nur bei 16 Fällen festgestellt, dass die gewünschte Verhaltensänderung eintrat und maßgeblich durch die Sanktionen erwirkt wurde.[6]
Der gewünschte Erfolg kann durch Sanktionsmaßnahmen allein daher nur selten erzielt werden. Dennoch wird der Betroffene in der Regel einen deutlichen wirtschaftspolitischen Druck spüren, der seinen Handlungsspielraum zumindest eindämmt und die Ausübung des gewünschten Verhaltens erschwert.

---

[3] Hufbauer/Schott/Elliott, *Economic Sanctions Reconsidered: History and current policy*, Band 1, 1990, S. 92 ff.
[4] Pape, *"Why Economic Sanctions Still Do Not Work"*, 1998, *International Security.* ***23*** *(1), S. 66–77.*
[5] Hufbauer/Schott/Elliott/Oegg, *„Economic Sanctions Reconsidered", 3rd Edition.*
[6] Taylor, „13 times that economy sanctions really worked", 28.04.2014, in Washington Post https://www.washingtonpost.com/news/worldviews/wp/2014/04/28/13-times-that-economic-sanctions-really-worked (Stand 01.11.2023).

1.3 WEN betreffen Sanktionen?

Auch wenn wir bei Sanktionen oft von einem bestimmten Staat sprechen („Russland-Sanktionen", „Iran-Sanktionen"), so richten sich mittlerweile die meisten Sanktionen gegen einzelne Güter, Branchen, Personen oder Unternehmen.

Diese werden in den Verordnungen und deren Anhängen einzeln angeführt und sind somit direkt betroffen.

Der Kreis aller von Sanktionen betroffener „Stakeholder" geht allerdings weit darüber hinaus:

- **Warenhandelnde Unternehmen**, die mit Geschäftspartnern mit Sitz in sanktionierten Ländern handeln und deren Güter unter ein Embargo fallen.
- **Dienstleister,** die mit Geschäftspartnern mit Sitz in sanktionierten Ländern handeln und deren Dienstleistungen unter die Sanktionen fallen.
- **Vermittler,** welche für unter die Sanktionen fallende Geschäfte Vermittlungsdienste anbieten.
- **Spediteure,** die sanktionierte Güter transportieren oder sich (weiß-)russischer Subspediteure bedienen.
- **Versicherungsgesellschaften,** die Leistungen für Geschäfte und den Warenhandel mit Bezug zu sanktionierten Ländern anbieten.
- **Zahlungsdienstleister,** die Transaktionen mit sanktionierten Ländern abwickeln.
- **Kreditinstitute,** welche Kunden mit Bezug zu sanktionierten Ländern haben und/oder Geschäfte ihrer Kunden mit solchen Ländern begleiten (z.B. Exportfinanzierung) sowie Transaktionen mit sanktionierten Ländern abwickeln.
- **Behördliche Aufsicht** wie etwa Zollämter und nationale Aufsichtsbehörden wie z.B. die österreichische Nationalbank oder die deutsche Bundesbank für die Aufsicht über Kreditinstitute.

Tatsächlich betreffen Sanktionen aber jeden von uns, auch als Privatperson. Jede EU-Sanktionsverordnung gilt

- für alle natürlichen Personen mit der **Staatsbürgerschaft eines EU-Mitgliedstaates**, unabhängig davon, ob sie sich innerhalb oder außerhalb des Unionsgebietes aufhalten,
- für jede eingetragene juristische Person, Organisation und Einrichtung, welche nach dem **Recht eines Mitgliedstaates gegründet** wurde,
- für jede juristische Person, Organisation und Einrichtung, welche **Geschäfte innerhalb des Unionsgebietes** tätigt.

Als österreichischer Staatsbürger muss ich mich folglich immer und überall an die EU-Sanktionen halten.
Als türkischer Staatsbürger, der ein Unternehmen mit Sitz in Deutschland betreibt, ebenso.
Als Schweizer Staatsbürger, der ein Unternehmen mit Sitz in der Schweiz betreibt und mit italienischen Kunden und Geschäftspartnern Handel treibt, genauso.

EU-Sanktionen richten sich daher gegen Staaten, Personen und Organisationen außerhalb der EU. Einhalten müssen sie aber Personen und Unternehmen mit Staatsbürgerschaft, Sitz oder Geschäftstätigkeit innerhalb der EU. Die EU-Sanktionen haben daher eine **territoriale Wirkung**, allein auf das EU-Gebiet und seine Bürger beschränkt.

Das **US-Sanktionenrecht** kennt auch noch eine **exterritoriale Wirkung**, weswegen die sogenannten „**secondary sanctions**" grundsätzlich von jedem weltweit einzuhalten sind, wenn ein Bezug zu den USA vorliegt. Mehr dazu im vierten Kapitel.

1.4 WIESO muss ich mich an Sanktionen halten?

Die Frage, um die sich alles dreht, ist natürlich, warum ich bzw. mein Unternehmen oder Arbeitgeber sich an die Sanktionsmaßnahmen halten soll. Die einfache Antwort ist: weil es das Gesetz so vorschreibt und die Nichteinhaltung der Sanktionsmaßnahmen, die bewusste Beteiligung oder Umgehung, unter Strafe stellt.

Die EU-Sanktionsverordnungen selbst legen für Verstöße keine Strafen fest, sondern es fällt unter die Pflicht der Mitgliedstaaten, die Einhaltung der Sanktionsmaßnahmen durch geeignete Strafen sicherzustellen. So etwa festgehalten unter Artikel 8 EU-VO 833/2014. Die Strafen müssen **wirksam, verhältnismäßig und abschreckend** sein.

Somit sind die einzelnen EU-Staaten selbst für die Festlegung eines Strafrahmens und der Umsetzung bei Verstößen zuständig. Dies führt dazu, dass derzeit die nationalen Strafen voneinander abweichen und manche Staaten strengere Strafen vorsehen als andere. Darum arbeitet man auf **EU-Ebene an einer Angleichung** („Harmonisierung") **der Mindeststandards und Strafen.**

Ein entsprechender Vorschlag für eine Richtlinie zur „Definition von Strafbeständen und Sanktionen bei Verstoß gegen restriktive Maßnahmen der Union" wurde im Mai 2023 bereits veröffentlicht.[7]

Sowohl der deutsche als auch der österreichische Gesetzgeber sehen **Geld- und Freiheitsstrafen** für den Verstoß gegen EU- und UN-Sanktionsmaßnahmen und eigene nationale Sanktionsmaßnahmen vor. Je nach Bereich kann es sich um einen **Strafbestand** oder um eine **Ordnungswidrigkeit bzw. Verwaltungsstrafe** handeln.

---

[7] Rat der Europäischen Union, Nr. Vordok. 8501/23, „*Vorschlag für eine Richtlinie des Europäischen Parlaments und des Rates zur Definition von Straftatbeständen und Sanktionen bei Verstoß gegen restriktive Maßnahmen der Union*", Interinstitutionelles Dossier 2022/0398 (COD).

Eine **persönliche Haftung** ist daher möglich. Natürliche und juristische Personen können nach Artikel 10 für ihre Handlungen allerdings **nicht haftbar** gemacht werden, wenn sie es **nicht wussten und keinen Grund zur Annahme** hatten, dass sie mit ihrem Handel gegen die Sanktionsmaßnahmen verstoßen. Folglich wird **Wissentlichkeit** vorausgesetzt. Unserer Ansicht nach wird aber auch schon in Richtung **grober Fahrlässigkeit** („keinen Grund zur Annahme") hingedeutet. Eine **grundsätzliche Haftung für Fahrlässigkeit wird von Experten** (in der Auslegung der EU-Verordnung 833/2014) allerdings **bis dato ausgeschlossen**, wenngleich dennoch eine erhöhte Sorgfaltspflicht zutrifft. Verträge, welche zwar gutgläubig abgeschlossen wurden, jedoch gegen die Sanktionsmaßnahmen verstoßen, sind daher nicht durchsetzbar.[8]
Spätestens mit der Umsetzung der oben genannten Harmonisierungs-Richtlinie wird auch **grobe Fahrlässigkeit zur Haftung führen**.

Nach der deutschen Außenwirtschaftsverordnung (§ 82) wird bereits **fahrlässiges Handeln** entgegen der EU-Sanktionsverordnungen als Ordnungswidrigkeit eingestuft und bestraft.
Auch das österreichische Außenwirtschaftsgesetz (§ 79 Absatz 3) sieht Geld- oder Freiheitsstrafen bei Fahrlässigkeit vor.

Nach Artikel 12 ist die **wissentliche und vorsätzliche Beteiligung** zur **Umgehung** von Sanktionsmaßnahmen verboten. Die **Beteiligung** und der **Versuch** sind ebenso strafbar.

Die Strafmaßnahmen nach dem deutschen und österreichischen Recht werden im nächsten Kapitel ausführlich beschrieben.

Neben Geld- und Freiheitsstrafen drohen gerade als Unternehmen noch weitere Konsequenzen, die jedenfalls mitberücksichtigt werden sollten.

---

[8] Follak, *„Wirtschaftssanktionen der EU"*, in ÖBA, November 2014, S. 797.

In erster Linie ist von einem **Reputationsschaden** auszugehen, wenn der Verstoß gegen Sanktionen publik werden sollte. Negative Publicity in der medialen Berichtserstattung und – im Bezug auf Geschäfte mit Russland während des Ukraine-Krieges – der Ruf als „Kriegsgewinnler“ können folgen. Eine schnelle Online-Recherche führt zu zahlreichen entsprechenden Artikeln.

In weiterer Folge kann es zu empfindlichen **Geschäftseinbußen** kommen, wenn sich Geschäftspartner, Kunden oder Banken aufgrund der negativen Publicity abwenden. Gerade Banken kommt hier eine Schlüsselrolle zu, welche wir später noch genauer betrachten werden.

Die potentiellen Auswirkungen von Reputationsschäden und daraus resultierenden Geschäftseinbußen sind naturgemäß schwer zu kalkulieren, können aber gravierend sein.

Wie sich noch zeigen wird, können sie im Falle der „Secondary Sanctions“ der USA sogar zum völligen Zusammenbruch des Geschäfts führen.

1.5 WER verhängt Sanktionen?

Sanktionen und Embargos können aus völkerrechtlicher Sicht nur von Völkerrechtssubjekten verhängt werden.

Darunter fallen

- einzelne Staaten (z.B. Bundesrepublik Deutschland)
- Staatengemeinschaften (z.B. Europäische Union)
- völkerrechtlich anerkannte internationale Organisationen (z.B. die Vereinten Nationen „UN/UNO“ oder die Organisation erdölexportierender Länder „OPEC“)

Sanktionen durch eine Organisation?
Ein Beispiel für durch eine internationale Organisation verhängte Sanktionsmaßnahmen wäre das Öl-Embargo der OPEC gegen mehrere mit Israel verbündete Staaten wie die USA, die Niederlande oder Portugal. Obwohl das Embargo nur für sechs Monate aufrechterhalten wurde, hatte es einen drastischen Anstieg des Ölpreises und damit weltweite Auswirkungen zur Folge.

1.6 WIE entstehen Sanktionen?

Die oben aufgelisteten Völkerrechtssubjekte können unabhängig voneinander Sanktionsmaßnahmen verhängen. Innerhalb der EU und ihrer Mitgliedstaaten beginnt der Prozess oft folgendermaßen:

1. UN-Sicherheitsrat-Beschluss („Resolution")

↓

2. GASP-Beschluss und EU-Verordnung mit unmittelbarer Geltung

↓

3. Kontrolle der Einhaltung, Bestimmung der Strafen und Verhängung von diesen durch die Mitgliedstaaten

Hintergrund dafür ist, dass EU-Mitgliedstaaten auch Mitglieder der UNO sind. Die UN-Resolutionen werden durch den UN-Sicherheitsrat mit einfacher Mehrheit beschlossen, wobei die Zustimmung der fünf ständigen Mitglieder und Veto-Mächte USA, Russland, Frankreich, Großbritannien und der Volksrepublik China notwendig ist. Diese werden durch Rechtsakte der EU übernommen und können auch ergänzt werden.

Diese Rechtsakte ergehen in der Regel als Verordnungen, welche direkte Wirkung entfalten und für die Mitgliedstaaten bindend sind, und zwar ab dem Tag der Veröffentlichung der Verordnung im Amtsblatt der EU. Es ist daher nicht notwendig, erst einen eigenen nationalen Rechtsakt zu setzen. Die EU-Verordnung gilt unmittelbar. Natürlich kann die EU aber auch unabhängig von den UN-Sanktionsmaßnahmen treffen. Detaillierte Informationen zu den Entstehungsprozessen und sanktionsrechtlich relevanten Rechtsgrundlagen im folgenden Kapitel.

2. Die rechtlichen Grundlagen

Der Vollständigkeit halber wollen wir uns in diesem Kapitel den rechtlichen Grundlagen des Sanktionenrechts widmen. Dabei folgen wir der vorherigen Auflistung

1. UNO
2. EU
3. Nationalstaaten

mit speziellem Blick auf die **Rechtsgrundlagen in Deutschland und Österreich** sowie die wichtigsten **Unterschiede** zwischen diesen beiden Ländern. Das US-Sanktionenrecht wird in einem eigenen Kapitel behandelt.

2.1 UN-Recht

Die Vereinten Nationen (UN/UNO) sind ein Zusammenschluss von 193 Staaten und als solcher eine völkerrechtlich anerkannte internationale Organisation und damit ein Völkerrechtssubjekt.

Sind alle Staaten der Welt UN-Mitglieder?
Die UN umfasst 193 Staaten und erkennt uneingeschränkt 194 Staaten an. Der einzige uneingeschränkt anerkannte Staat, der somit kein offizielles Mitglied der Generalversammlung ist, hat jedoch kein Stimmrecht.
Es gibt jedoch weitere Länder, welche keine UN-Mitglieder sind, da ihnen aus politischen Gründen ihre staatliche Souveränität nicht völlig zuerkannt wird. Das prominenteste Beispiel ist Taiwan, welches aufgrund des Vetos von China kein UN-Mitglied ist.

Gründungsdokument und -vertrag ist die Charta der Vereinten Nationen von 1945. Im ersten Artikel verpflichtet sich die UN zur:

1. **Wahrung** des **Weltfriedens** und der internationalen **Sicherheit**;
2. **Achtung** des Grundsatzes der **Gleichberechtigung** und **Selbstbestimmung** der Völker;
3. **Internationale Zusammenarbeit** zur (friedlichen) Lösung von internationalen Problemen und zur Achtung von Menschenrechten und Grundfreiheiten, frei von Diskriminierung.

Im zweiten Artikel verpflichten sich die UN-Mitglieder ihrerseits u.a. dazu:

1. Internationale Streitigkeiten durch friedliche Mittel beizulegen.
2. Die Androhung oder Anwendung von Gewalt zu unterlassen, welche sich gegen die territoriale Unversehrtheit oder politische Unabhängigkeit eines Staates richtet.

Kapitel VII der UN-Charta widmet sich schließlich den Maßnahmen bei Bedrohung oder Bruch des Friedens und bei Angriffshandlungen. Dabei ist der Sicherheitsrat dazu ermächtigt, Beschlüsse (Resolutionen) zu fassen (Artikel 40 und nachfolgende Artikel) und diesen mit geeigneten Maßnahmen Wirksamkeit zu verleihen.
Als eine solche Maßnahme wird u.a. der vollständige oder teilweise Abbruch der Wirtschaftsbeziehungen, des Land-, See- und Luftverkehrs und Kommunikation angesehen, bis einschließlich dem Abbruch der diplomatischen Beziehungen.
Folglich kann die UN Sanktionsmaßnahmen erlassen, welche für ihre **Mitglieder bindend** sind. Die dafür maßgeblichen Organe der UN sind die **Generalversammlung** und der **Sicherheitsrat**.

Die **Generalversammlung** besteht aus Vertretern der Mitgliedstaaten, die einmal jährlich im UN-Hauptquartier in New York zusammentreffen, sowie bei kurzfristig einberufenen Dringlichkeitssitzungen aus aktuellen Anlässen.

Hier werden Sicherheitsthemen durch die Mitgliedstaaten debattiert und Empfehlungen an Staaten und **Vorschläge an den Sicherheitsrat** verabschiedet (Artikel 11), wobei jedem Mitgliedsstaat eine Stimme zukommt.

Für Empfehlungen zur internationalen Sicherheit ist eine Zweidrittelmehrheit notwendig. Sowohl bei den abgegebenen Stimmen als auch bei den anwesenden Mitgliedern (Artikel 18 Absatz 2). Auch werden auf der Generalversammlung die **nichtständigen Mitglieder des Sicherheitsrats** für die **Dauer von zwei Jahren gewählt** (Artikel 23 Absatz 2). Dadurch hat sie einen starken Einfluss auf die Sicherheitspolitik und folglich die Sanktionsmaßnahmen der UN. Jedoch darf sie sich grundsätzlich nur mit einem internationalen sicherheitspolitischen Thema auseinandersetzen, wenn dieses Thema **nicht bereits vom Sicherheitsrat behandelt wird**, außer der Sicherheitsrat selbst ersucht darum (Artikel 12 Absatz 1). Auch sind die **Empfehlungen nicht bindend**.

Der **Sicherheitsrat** trägt daher die Hauptverantwortung für Fragen der internationalen Sicherheit (Artikel 24 Absatz 1) und kann im Zuge seiner Beschlüsse (Resolutionen) für **alle UN-Mitglieder bindend einzuhaltende Sanktionsmaßnahmen beschließen** (Artikel 48).

Diese Maßnahmen werden von den **fünf ständigen Mitgliedern** (China, Frankreich, Großbritannien, Russland und USA) und den (wechselnden) **zehn nichtständigen Mitgliedern** getroffen.
Der Sicherheitsrat ist so eingerichtet, dass er seine Aufgaben ständig wahrnehmen kann (Artikel 28 Absatz 1). Jedes Mitglied hat eine Stimme und es ist die **Zustimmung von neun Mitgliedern** für die Fassung von Beschlüssen notwendig (Artikel 27). Hierbei kommt jedoch den **fünf ständigen Mitgliedern ein Vetorecht** zu, weswegen die Zustimmung, oder zumindest die Stimmenthaltung, von jedem der fünf ständigen Mitglieder notwendig ist.

2.2 EU-Recht

Die EU selbst hat in der **UNO** lediglich einen **„erweiterten“ Beobachterstatus**, der es ihr ermöglicht, mit ihren Vertretern an UN-Generalversammlungen teilzunehmen und Vorschläge einzubringen. Sie hat jedoch **kein** Stimmrecht. Dadurch, dass jeder EU-Mitgliedsstaat auch gleichzeitig ein UN-Mitglied (Frankreich sogar ein ständiges Mitglied im Sicherheitsrat) ist und die **gemeinsame Außen- und Sicherheitspolitik (GASP)** ein Grundpfeiler der EU und für alle Mitgliedstaaten bindend ist, sind UN-Resolutionen für die gesamte EU bindend und werden von dieser mitgetragen. Bei Abstimmungsthemen innerhalb der UNO ist man daher um ein weitgehend einheitliches Auftreten und Einstimmigkeit bemüht.[9] Die Umsetzung von UN-Resolutionen erfolgt dann auf EU-Ebene.

Durch den Einfluss der Veto-Mächte und der notwendigen Stimmmehrheit scheitert allerdings das Erlassen von Resolutionen oft an entgegengesetzten politischen Interessen der Sicherheitsratsmitglieder.
In diesem Fall erlässt die **EU oft eigenständige und/oder ergänzende Sanktionsmaßnahmen**, wozu sie als Staatengemeinschaft und somit Völkerrechtssubjekt fähig ist.
Die gesetzliche Grundlage dafür bildet der **„Vertrag über die Europäische Union“ (EUV)** und der **„Vertrag über die Arbeitsweise der Europäischen Union“ (AEUV)**, genauer Kapitel 2 EUV zur gemeinsamen Außen- und Sicherheitspolitik und Artikel 215 AEUV über restriktive Maßnahmen.

---

[9] *UNRIC,„How the European Union and the Untides Nations Cooperate“, Januar 2007, in https://unric.org/en/wp-content/uploads/sites/15/2021/02/Leporello_EU-VN_e.pdf (Stand 01.11.2023), S. 6.*

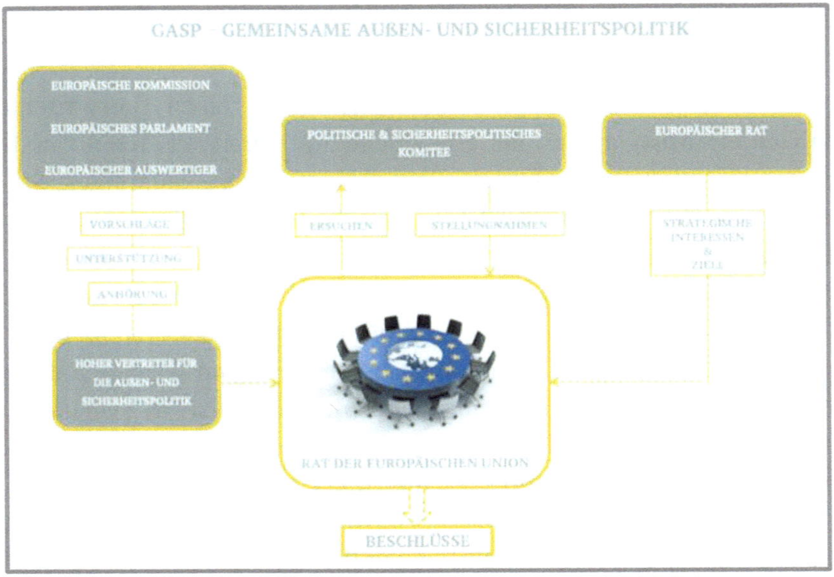

Die angeführte Grafik lässt bereits erahnen, dass die Sicherheitspolitik und das darauf basierende Sanktionenrecht innerhalb der Europäischen Union sehr komplex sind und eine Sanktionsmaßnahme einen weiten Weg nehmen muss, bis sie schließlich in Kraft tritt. Wir bemühen uns allerdings um eine kompakte Zusammenfassung der wesentlichen Eckpunkte.

Die wesentlichen **Akteure** sind:

- Der **Europäische Rat**, zusammengesetzt aus den Staats- und Regierungschefs aller Mitgliedstaaten.
- Der **Rat der Europäischen Union**, zusammengesetzt aus den jeweiligen Fachministern der Mitgliedstaaten. Für Fragen zur GASP sind die jeweiligen Außenminister zuständig.
- **Der/Die Hohe VertreterIn der Union für Außen- und Sicherheitspolitik.**

- Die **EU-Kommission**, zusammengesetzt aus von den Mitgliedstaaten nominierten und vom EU-Parlament gewählten Vertretern.

Der Europäische Rat legt die strategischen Ziele und Leitlinien der GASP fest. Der Rat der EU gestaltet die GASP und kann restriktive Maßnahmen in Form von **GASP-Beschlüssen** festlegen. Der/Die hohe VertreterIn vertritt die Union in den Bereichen der GASP und kann Vorschläge für restriktive Maßnahmen an den Rat der EU vorbringen. Dieser kann aber auch selbständig tätig werden. Für die Beschlussfassung wird zur Unterstützung auf Arbeitsgruppen und das Politische und Sicherheitspolitische Komitee zurückgegriffen.
Das EU-Parlament ist im Verfahren nicht aktiv beteiligt und verfügt lediglich über ein Anhörungsrecht. Ein Stimmrecht hat es nicht.

Die wesentlichen **Schritte** sind:

1. In der Regel tätigt der/die Hohe VertreterIn einen Vorschlag für restriktive Maßnahmen an den Rat der EU.

2. Der Rat der EU beschließt einstimmig einen **GASP-Beschluss.**

3. Der/Die Hohe VertreterIn und die EU-Kommission legen dem Rat einen gemeinsamen **Vorschlag für eine Verordnung** vor.

4. Der Rat der EU nimmt den Vorschlag für die **Verordnung** mit qualifizierter Mehrheit **an**.

5. Der GASP-Beschluss und die Verordnung über die restriktiven Maßnahmen werden (idR) zeitgleich im **Amtsblatt der EU** veröffentlicht und treten somit **am selben Tag in Kraft** (falls nicht eigens ein Datum festgelegt wurde). Verordnungen sind unmittelbar anzuwenden, es ist kein nationaler Rechtsakt für ihre Gültigkeit mehr notwendig.

Der Grund, dass neben dem GASP-Beschluss zusätzlich noch eine Verordnung notwendig ist, liegt darin, dass der Beschluss keine Gesetzeskraft hat (Artikel 31 Absatz 1 EUV).
Für die **Beschlussfassung ist Einstimmigkeit notwendig**. Stimmenthaltungen schaden dabei nicht.

Für die Abstimmung über den oft zeitgleich eingebrachten **Verordnungs-Vorschlages** reicht hingegen die **qualifizierte Mehrheit** an Stimmen im Rat der EU aus (Artikel 215 Absatz 1 AEUV).

Die qualifizierte Mehrheit liegt dann vor, wenn mindestens 55 % der Mitgliedstaatenvertreter für den Vorschlag stimmen und durch ihre Vertreter Mitgliedstaaten zustimmen, welche zumindest 65 % der EU-Bevölkerung ausmachen.[10]

Bestehende Sanktionsverordnungen werden durch **Änderungs- und Durchführungsverordnungen** ergänzt oder abgeändert, wiederum basierend auf Beschlüssen des Rates der EU.
Insbesondere die Gültigkeit der Sanktionsverordnungen wird regelmäßig verlängert, da Sanktionsverordnungen immer befristet sind.

Die Waffenembargos der OSZE
Die Organisation für Sicherheit und Zusammenarbeit in Europa ist eine zwischenstaatliche Sicherheitsorganisation mit Sitz in Wien und umfasst 57 Mitgliedstaaten, darunter alle Staaten Europas (ausgenommen Vatikanstaat), die USA, Kanada, Mongolei, Türkei, Russland und die sowjetischen Nachfolgestaaten. Sie geht auf die Konferenz zur Sicherheit und Zusammenarbeit in Europa (KSZE) von 1975 zurück und hat maßgeblich die Konfliktprävention zum Ziel. Daher kann sie einstimmig Beschlüsse erlassen, die politisch verbindlich sind. So wurden Waffenembargos gegen Armenien und Aserbaidschan 1992 beschlossen und sind weiterhin in Kraft und sollten neben dem UN- und EU-Sanktionsrecht beachtet werden!

[10] Für detaillierte Informationen zu den Mehrheitsanforderungen sehen Sie die Informationswebseite des Europäischen Rats unter https://www.consilium.europa.eu/de/council-eu/voting-system/qualified-majority/ (Stand 01.11.2023).

2.3 Nationales Recht

Während die Sanktionsmaßnahmen an sich sofort Wirkung entfalten und die Verordnungen keiner Umsetzung ins nationale Recht bedürfen, so sehen die Sanktionsverordnungen dennoch vor, dass die Mitgliedstaaten selbst die erforderlichen Maßnahmen ergreifen, um sicherzustellen, dass die **Sanktionen wirksam, verhältnismäßig und abschreckend sind** (Artikel 8 EU-VO 833/2014). Auch müssen die Staaten über **nationale Aufsichtsbehörden** verfügen und eigene **behördliche Genehmigungsverfahren** im Rahmen der EU-Verordnung abwickeln. Hierfür wird also trotz der unmittelbaren Wirkung der Sanktionen auf das jeweilige nationale Recht der Mitgliedstaaten zurückgegriffen.

Schließlich könnten die einzelnen Mitgliedstaaten grundsätzlich auch eigene Sanktionsmaßnahmen ergreifen und besitzen dazu ein eigenes nationales Rechtsgerüst. Solche Sanktionen dürfen allerdings nicht gegen die Grundsätze der UN und EU verstoßen. Auch wird ein einzelner Mitgliedstaat kaum ausreichend wirtschaftspolitische Stärke aufbringen können, um seine Sanktionen im Alleingang erfolgreich umzusetzen. Daher haben faktisch weder Deutschland noch Österreich[11] eigene Sanktionsmaßnahmen ergriffen.

Trotzdem wollen wir uns die Gesetze und rechtliche Basis für das nationale Sanktionenrecht der beiden Länder im Überblick ansehen und die wesentlichen Unterschiede aufzeigen. Den Fokus legen wir hierfür auf die gesetzliche Basis, Aufsichtsbehörden, Genehmigungsbehörden und Strafen. Sie finden **kompakte Zusammenfassungen des deutschen und österreichischen Sanktionenrecht** in Kapitel 2.3.1.4 und 2.3.2.4.

---

[11] **„… kommen derzeit keine Sanktionsmaßnahmen der Oesterreichischen Nationalbank (OeNB) zur Anwendung"** Siehe Bekanntmachung der ö. Nationalbank (Stand 01.11.2023): https://www.oenb.at/Ueber-Uns/Rechtliche-Grundlagen/Finanzsanktionen/Sanktionsmassnahmen-der-OeNB.html.

2.3.1 Das deutsche Sanktionenrecht

Die gesetzliche Basis bilden in Deutschland das **Außenwirtschaftsgesetz (AWG)** und die **Außenwirtschaftsverordnung (AWV)**. Letztere dient zur Ergänzung des AWG und übertrifft das Gesetz an Umfang deutlich. So besitzt das AWG 32 Paragraphen und kommt auf 24 Seiten, während die AWV 83 Paragraphen und es (gemeinsam mit allen Anhängen) auf 129 Seiten bringt.
Daneben hat Deutschland innerhalb der EU bislang einzigartige Schritte zur Sicherstellung der Sanktionsmaßnahmen durch das **Sanktionsdurchsetzungsgesetz I und II** erlassen. Aufgrund der noch relativen Neuheit werden wir auch auf dieses kurz eingehen. Für den Warenhandel ist es allerdings nicht relevant.

2.3.1.1 Das Außenwirtschaftsgesetz (AWG)

In § 4 AWG liegt die **Grundlage für Beschränkungen** (Verbote oder Genehmigungserfordernisse) und Einführung von Handlungspflichten zum Schutz der öffentlichen Sicherheit und auswärtigen Interessen. Diese können in den wesentlichen Sicherheitsinteressen der Bundesrepublik Deutschland, der Störung des friedlichen Zusammenlebens der Völker, Wahrung der öffentlichen Ordnung in der BRD oder einem EU-Mitgliedstaat liegen (Absatz 1), aber auch um EU- und UN-Sanktionsmaßnahmen umzusetzen (Absatz 2).

Das AWG beinhaltet in § 6 den sogenannten „**Einzeleingriff**".
Hierbei handelt es sich um die rasche **Umsetzung von UN-Sanktionsmaßnahmen, falls die EU diese selbst noch nicht umgesetzt hat.** Es handelt sich dabei um einen Vorgriff auf die EU-Sanktionsmaßnahmen mit nur temporärer Wirkung. Sie gelten nur für eine Dauer von **höchstens sechs Monaten**, falls nicht in der Zwischenzeit ein EU-Rechtsakt in Kraft getreten ist.

In § 8 werden die allgemeinen Grundsätze für die Erteilung von Genehmigungen erfasst und die Möglichkeit des **Bundesamtes für Wirtschaft und Ausfuhrkontrolle (BAFA),** Bescheinigungen zu erteilen, dass für die Ausfuhr keine Genehmigung notwendig ist.

Nach § 12 kann die **Bundesregierung** Rechtsverordnungen erlassen, sowie das **Bundesministerium für Wirtschaft und Energie** für die Umsetzung von EU und UN-Rechtsakten und Beschlüssen, teils ist dazu ein Einvernehmen mit dem **Auswärtigen Amt** und dem **Bundesministerium für Finanzen** nötig. Für Rechtsvorschriften bezüglich des Kapital- und Zahlungsverkehres, Devisen und Gold ist die Absprache mit der **Bundesbank** notwendig.

§ 13 regelt den Zuständigkeitsbereich für den **Erlass von Verwaltungsakten** und **Entgegennahme von Meldungen**. Zuständig je nach Bereich sind:

- Die **BAFA** im Bereich des **Außenwirtschaftsrechts**.
- Die **Deutsche Bundesbank** für den Bereich des Kapital- und Zahlungsverkehrs, sowie Devisen- und Goldhandels.
- Das **Bundesministerium für Verkehr und digitale Infrastruktur** für Anordnungen im Bereich des Verkehrswesens.
- Das **Bundesministerium der Finanzen** hat weitreichende Aufgaben und Kompetenzen. Sie erstrecken sich vom Bundeshaushalt über Steuer- und Finanzpolitik bis hin zu Fragen der internationalen Finanzmärkte. Im Hinblick auf Sanktionen liegt die Kompetenz vor allem auf dem Versicherungswesen.
- Die **Bundesanstalt für Landwirtschaft und Ernährung** für Anordnungen für den Waren- und Dienstleistungsverkehr in Bezug auf Ernährungs- und Landwirtschaftserzeugnisse.
- Das **Bundesministerium für Wirtschaft und Klimaschutz** für die sonstigen Bereiche, oft aber nur im Einvernehmen mit anderen Ministerien oder der Bundesbank.

Mit § 15 wird die **Rechtsunwirksamkeit von Geschäften** geregelt, die **ohne erforderliche Genehmigung vorgenommen** wurden. Es ist grundsätzlich dennoch möglich, falls das Geschäft nachträglich genehmigt wird oder das Genehmigungserfordernis nachträglich entfällt.

Im Speziellen werden hier Fälle von Erwerb eines Unternehmens bzw. von Unternehmensanteilen geregelt.

Beginnend mit § 17 werden schließlich die Strafen festgelegt:

- Freiheitsstrafe von 1–10 Jahren für den Verstoß gegen **UN-Resolutionen** und **GASP-Beschlüssen** des Rates der EU oder **Embargos nach Teil I Abschnitt A des AWG**.

- **Milderungsgründe** sind Fälle minderer Schwere (Freiheitsstrafe von 3 Monaten bis 5 Jahre) und Leichtfertigkeit (Freiheitsstrafe von bis zu 3 Jahren oder eine Geldstrafe).

§ 18 sieht eine Freiheitsstrafe von drei Monaten bis 5 Jahre vor für:

- Einen Verstoß gegen einen unmittelbar geltenden EU-Rechtsakt, welcher der Durchführung eines GASP-Beschlusses dient, folglich daher für einen Verstoß gegen die **EU-Sanktionsverordnung**, einschließlich für den Verstoß gegen **Genehmigungspflichten**.
- Einen Verstoß gegen **Einzeleingriffe**.
- Verstöße bezüglich des **unwirksamen Erwerbs inländischer Unternehmen**. Hier ist statt der Freiheitsstrafe auch eine Geldstrafe möglich.
- Die Ausfuhr oder Verbringung bestimmter Güter sowie die Vornahme bestimmter Handels- und Vermittlungsgeschäfte und technische Unterstützung **ohne entsprechende Genehmigung**.
- Verstöße gegen die Verordnung 2368/2002 für den internationalen Handel mit **Rohdiamanten**. Auch das bloße Anbieten zum Verkauf, Ausstellen oder Bewerben reicht bereits zur Strafbarkeit aus. In diesen Fällen gibt es eine Freiheitsstrafe von bis zu einem Jahr oder eine Geldstrafe.
- Verstöße gegen die Verordnung 2019/125 für den Handel mit bestimmten Gütern, die zur Vollstreckung der **Todesstrafe, Folter oder anderer grausamer, unmenschlicher und erniedrigende Behandlung** verwendet werden können.
- Verstöße gegen die Verordnung 2021/821 bezüglich des Handels mit Gütern mit doppeltem **Verwendungszweck** („**Dual-Use-Güter**", dazu mehr im nächsten Kapitel). Der **Versuch** ist bereits strafbar.

Für beide Paragraphen gilt:

- Das Zuwiderhandeln ohne Genehmigung wird gleichgestellt mit der **Erwirkung einer Genehmigung durch Drohung, Bestechung oder Angabe unrichtiger und unvollständiger Angaben.**
- Die Gewerbsmäßigkeit, Mitgliedschaft in einer Bande oder Arbeit für einen ausländischen Geheimdienst wird als **Strafserschwerungsgrund** angeführt.
- Die Strafen gelten **unabhängig vom Tatort** (z.B. EU-Ausland), solange der **Täter ein Deutscher** ist.

Neben den Strafvorschriften von § 17 und 18 gibt es auch Ordnungswidrigkeiten nach § 19 u.a. bei:

- Fahrlässigkeit bezüglich der in **§ 18 genannten Delikte**.
- Unrichtige oder unvollständige Angaben bei der Erteilung von **Genehmigungen durch die BAFA**.
- Vorsätzliche oder fahrlässige Zuwiderhandlung gegen eine **nationale Rechtsverordnung**.
- Vorsätzliche oder fahrlässige Verstöße gegen die in § 27 genannten **Kontroll- und Überwachungsbefugnisse und Maßnahmen der Zollbehörden**, wenn man zum Beispiel seine Waren nicht rechtzeitig, gar nicht oder nicht richtig beim Zoll deklariert oder bei einer Kontrolle nicht vorzeigt.

Zusätzlich können nach **§ 20 noch Gegenstände eingezogen** werden, auf welche sich die Straftat oder Ordnungswidrigkeit bezieht und die für den Verstoß, bzw. die Vorbereitung dafür, genutzt oder bestimmt gewesen sind.

§ 21 listet die **Aufgaben und Befugnisse der Zollbehörden** auf, welche de facto als Polizeibeamte agieren, für die Staatsanwaltschaft und Zollfahndungsämter ermitteln, aber unter gewissen Umständen auch eigene Ermittlungen durchführen können.

Hierzu können sie beim Bußgeldverfahren auch Beschlagnahmungen, Durchsuchungen und Untersuchungen vornehmen.

Schließlich können das Hauptzollamt, die Bundesbank, die BAFA, die Bundesanstalt für Landwirtschaft und Ernährung und das Bundesministerium für Wirtschaft und Klimaschutz in ihren jeweiligen Zuständigkeitsbereichen auch noch **Auskünfte von jedem verlangen**, der am Außenwirtschaftsverkehr teilnimmt (§ 23).

Für die **Strafverfahren** zuständig sind grundsätzlich die **Amtsgerichte**. Für **Ordnungswidrigkeiten** liegt die Zuständigkeit grundsätzlich beim **Hauptzollamt** als Verwaltungsbehörde. Siehe dazu § 22.

2.3.1.2 Die Außenwirtschaftsverordnung (AWV)

Die AWV ergänzt die Bestimmungen des AWG und regelt u.a. die **behördlichen Genehmigungsverfahren**. Wenngleich auch einiges sanktionsrechtlich relevant ist, befasst sie sich doch großteils bereits mit dem Zollrecht, weswegen wir nur sehr kurz auf diese eingehen.

In § 4 unterscheidet man zwischen **Einzelgenehmigungen** (für ein einziges bestimmtes Geschäft), **Sammelgenehmigungen** (für mehrere zusammengehörende Geschäfte mit bestimmten Endverwendern oder Bestimmungsländern) und **Allgemeingenehmigungen**.

Zu beachten ist eine **Aufbewahrungsdauer** der Verwaltungsakten von **5 Jahren nach Ablauf der Gültigkeit** der Genehmigung, nach § 6.

Die **unterschiedlichen Genehmigungen** erfolgen über das Bundesamt für Wirtschaft und Ausfuhrkontrolle (**BAFA**).

Jede Ausfuhrsendung ist vor der **Ausfuhr** bei der **Ausfuhrzollstelle**, beim Seetransport beim zuständigen Hauptzollamt, anzumelden. Die Zollstellen können entsprechende Unterlagen und Beweise einfordern, wie den Verwaltungsakt zur Genehmigung durch die BAFA.

Für die **Einfuhr** gilt grundsätzlich dasselbe. Hier sind die **Einfuhrzollstellen** für die Bearbeitung der Anträge, Einfuhranmeldung und Prüfung zuständig.

Auch diesbezügliche **Handels- und Vermittlungsgeschäfte** und manche **Dienstleistungen**, wie die technische Unterstützung in Drittländern in bestimmten Bereichen, fallen unter die **Genehmigungspflicht der BAFA**.

In Bezug auf die **Strafen und Ordnungswidrigkeiten** wird auf das AWG verwiesen.

Ob eine Ware genehmigungspflichtig ist oder überhaupt nicht gehandelt werden darf, hängt von der **Warenlistung** (hierzu gibt es zahlreiche Listen in den Anhängen, auf welche die jeweiligen Paragraphen verweisen) und den **Empfängerländern** ab. Auf die einzelnen Genehmigungsvoraussetzungen und Waren einzugehen, würde den Umfang des Buches sprengen.

Zum Großteil decken sich die gelisteten Waren und Länderhandelsverbote aber mit denen aus der Dual-Use-Güter-Verordnung und den EU-Sanktionenverordnungen, welche wir ohnehin näher behandeln.

2.3.1.3 Sanktionendurchsetzungsgesetz I und II

Bereits seit Mai 2022 ist das Sanktionendurchsetzungsgesetz I (SDG I) in Kraft. Damit wurden neue sanktionsspezifische Vermögensermittlungs- und Sicherstellungsbefugnisse für die Behörden eingeführt und bestehende ergänzt.
Das erste SDG geht inhaltlich zur Gänze in das Sanktionsdurchsetzungsgesetz II (SDG II) auf, welches seit Ende **Dezember 2022** in Kraft ist und das SDG I in vielen Bereichen erweitert.

Konkret soll das Sanktionendurchsetzungsgesetz II die Vermögensermittlungs- und Sicherstellungskompetenzen von den **Ländern auf den Bund übertragen** und über sie die Sanktionsdurchsetzung insgesamt in Deutschland koordinieren.

Darüber hinaus soll ein **Register für sanktionierte Personen und deren Vermögenswerte** die Eigentumsverhältnisse beziehungsweise den wirtschaftlich Berechtigten besser nachvollziehbar machen. Dazu sollen Basisdaten aus den Grundbüchern zu Eigentümer, Flurstück und Grundbuchblatt künftig in das Transparenzregister aufgenommen werden und den dort verzeichneten Vereinigungen zugeordnet werden.

Listungen der Vereinten Nationen (auf einen vorläufigen Zeitraum von bis zu fünf Tagen begrenzt) werden nun **automatisch im Inland für anwendbar erklärt**, um zeitliche Lücken in der Anwendbarkeit zu verhindern.
Barzahlungen beim Immobilienerwerb werden verboten, um Geldwäscherisiken im Immobiliensektor zu minimieren. Außerdem wird eine **zentrale Hinweisannahmestelle** etabliert.

Maßgeblich ist darüber hinaus die Errichtung einer **Zentralstelle für Sanktionsdurchsetzung** (ZfS). Eine Bundesbehörde, welche dem Bundesministerium für Finanzen untersteht und weitgreifende Ermittlungs- und Überwachungsaufgaben besitzt, als Koordinierungsstelle für die relevanten inländischen Behörden sowie als Informationsstelle für ausländische Behörden fungiert. Die BAFA und die Bundesbank arbeiten in ihren zuständigen Bereichen allerdings weiterhin eigenständig.

Die ZfS ist auch für die Führung eines neu geschaffenen Registers eingefrorenen Vermögens und einer (auf Wunsch des Hinweisgebers anonymen) Hinweisstelle zuständig.

Teilweise reichen die Bestimmungen des SDG II auch in die Geldwäscheprävention, etwa mit dem Verbot von Bargeldzahlungen bei Immobilienkäufen und ergänzenden Regelungen für das Transparenzregister zu den wirtschaftlichen Berechtigten.

Die ZfS hat bei Verdacht folgende Befugnisse (§ 2):

- Sicherstellung von Geldern und wirtschaftlichen Ressourcen EU-sanktionierter Personen und Unternehmen.
- Anforderung von Auskünften und Unterlagen.
- Vorladung und Vernehmung von Personen.
- Geschäfts- und Betriebsräume betreten und durchsuchen (mit richterlicher Anordnung, außer bei Gefahr im Verzug).
- Wohnungen betreten und durchsuchen (mit richterlicher Anordnung, außer bei Gefahr im Verzug).
- Gegenstände einziehen, wenn mit diesen eine Straftat oder Ordnungswidrigkeit nach dem SDG II begangen wurde.

Sanktionierte Gelder und Ressourcen, welche sich im Eigentum, Besitz oder unter Kontrolle einer Person befinden, sind unverzüglich an die ZfS zu melden.

Bei deren Überprüfungstätigkeiten ist man zur Mitwirkung verpflichtet (§ 10). Ein Verstoß gegen die **Meldepflicht** gilt als **Straftat** (§ 16) und wird mit einer Freiheitsstrafe von bis zu einem Jahr oder einer Geldstrafe bestraft. Solange eine nachträgliche freiwillige und vollständige Meldung erfolgt, bevor die Straftat aufgedeckt wurde UND der Täter davon wusste („tätige Reue" im Fachjargon), liegt jedoch Straffreiheit vor.
Eine **Ordnungswidrigkeit** liegt bei vorsätzlichem oder fahrlässigem Zuwiderhandeln gegen eine Vorladung und Vernehmung vor. Die ZfS fungiert hier als Verwaltungsbehörde und kann die Ordnungs-widrigkeit mit einer Geldstrafe von bis zu EUR 30.000,- bestrafen (§ 17).

2.3.1.4 Zusammenfassung Deutschland

Die nationalen **gesetzlichen Grundlagen** bilden das Außenwirtschaftsgesetz (AWG) mitsamt der ergänzenden Außenwirtschaftsverordnung (AVG).
Das Sanktionendurchsetzungsgesetz (SDG) regelt die Aufgaben und Befugnisse der Zentralstelle für Sanktionsdurchsetzung.

Aufsichtsbehörde für Sanktionen im Bereich Güter, wirtschaftliche Ressourcen, technische Hilfe, Vermittlungsdienste, Dienstleistungen und Investitionen ist das **Bundesamt für Wirtschaft und Ausfuhrkontrolle (BAFA)**, falls nicht bestimmte Bereiche in andere Zuständigkeiten fallen (z.B. ist die Bundesbank als Aufsichtsbehörde für den Finanzsektor und für Sanktionsmaßnahmen, die den Kapital- und Zahlungsverkehr betreffen, zuständig, wie etwa das Einfrieren von Vermögen). Die Zentralstelle für Sanktionsdurchsetzung greift in die Zuständigkeit der BAFA und der Bundesbank nicht ein.

Aus- und Einfuhren sind bei den Aus-/Einfuhrzollbehörden anzumelden und durch diese zu prüfen. **Genehmigungen** sind im Vorhinein über die **BAFA** zu beantragen und die Unterlagen sind für **mindestens 5 Jahre**, **beginnend mit Ablauf der Genehmigung**, aufzubewahren.

Gegenüber den Aufsichts- und Zollbehörden ist man **auskunftspflichtig** und muss auf Verlangen auch Beweise, etwa Unterlagen, vorweisen. Die Aufsichtsbehörden können innerhalb ihres Zuständigkeitsbereiches auch **Vorortprüfungen** abhalten.

Verstöße können eine **Straftat** oder eine **Ordnungswidrigkeit** darstellen und mit **Geld oder Freiheitsstrafen von bis zu 10 Jahren** belegt werden. Zusätzlich können **Beschlagnahmen** erfolgen. Es gibt für das Strafmaß mildernde und erschwerende Umstände.

Der **Versuch** und – in vielen Fällen – die **Fahrlässigkeit** sind ebenfalls strafbar. Letzteres wirkt aber in der Regel strafmildernd.

2.3.2 Das österreichische Sanktionenrecht

Das österreichische Sanktionenrecht ähnelt dem deutschen Recht in vielen Punkten. Die Unterschiede liegen jedoch in den Details, wie etwa den angedrohten Strafen, welche wir unter Punkt 2.3.3 in einer übersichtlichen Tabelle auflisten.

2.3.2.1 Gesetzliche Basis

Die gesetzliche Basis in Österreich bildet das **Außenwirtschaftsgesetz 2011** (AußWG), ergänzt um die Erste **Außenwirtschaftsverordnung 2011** und die **Zweite Außenwirtschaftsverordnung 2019**. Die Erste AußWVO enthält Regeln für die nationalen Allgemeingenehmigungen, Auflagen und Meldepflichten bezüglich bestimmter Güter und Chemikalien.
Die Zweite AußWVO enthält zur Definition von Verteidigungsgütern einen Verweis auf die aktuelle Militärgüterliste der EU sowie sämtlicher Drittstaaten, gegenüber denen ein Waffenembargo gilt.
Im Gegensatz zu Deutschland sind die beiden Verordnungen vom Umfang deutlich geringer als das Gesetz und daher tatsächlich nur ein Zusatz.

Für Finanzsanktionen maßgebend ist das Sanktionengesetz (SanktG) und das Devisengesetz (DevG). Allerdings hat das Sanktionengesetz gegenüber dem Devisengesetz Anwendungsvorrang. Auch wenn die Nationalbank in Ausübung ihrer Kontrolltätigkeit Waren einziehen kann, sind diese beiden Gesetze für den Warenhandel nicht relevant, sondern betreffen den Finanzsektor.

2.3.2.2 Zuständigkeiten

Ähnlich wie in Deutschland verteilt sich die **Zuständigkeit** für die Durchführung und Kontrolle der Sanktionsmaßnahmen auf verschiedene Ministerien und Behörden, je nach Bereich.

Für die **Außenwirtschaft**, und damit den Warenhandel, ist das **Bundesministerium für Arbeit und Wirtschaft** (BMAW) zuständig. Dieses kann per Verordnung auch Waffenembargos verhängen (§ 25 AußWG).
Finanzsanktionen fallen unter die Zuständigkeit der **österreichischen Nationalbank**, welche auch die österreichischen Banken überwacht.

Vereinzelt kann sich durch deren Kompetenzen auch noch eine Zuständigkeit für das Bundesministerium für Inneres, das Bundesministerium für Justiz und das Bundesministerium für Klimaschutz, Umwelt, Energie, Mobilität, Innovation und Technologie (vollständiger Name) ergeben.

Für uns ist daher das **BMAW** maßgeblich, welches auch **Genehmigungen** für den Außenhandel erteilt. Die Überwachung der Genehmigungen bzw. der Einhaltung der Genehmigungspflichten erfolgt durch die **Zollbehörden**.
Diese sind allerdings nicht dem BMAW, sondern dem Bundesministerium für Finanzen unterstellt.
Daher gibt es eine enge Informationspflicht zwischen den beiden Ministerien in diesem Bereich (§ 64).

2.3.2.3 Genehmigungen

Die allgemeinen Grundsätze finden sich im § 3 AußWG mit spezifischen Kriterien in den §§ 4 bis 12.

Bei der Prüfung zur Genehmigung ist besonders auf

1. Art und Menge der betroffenen Güter oder Art und Umfang des betroffenen technischen Wissens,
2. das vorgesehene Bestimmungsland,
3. den vorgesehenen Endempfänger und
4. den vorgesehenen Endverwendungszweck

zu achten, mit zusätzlichen Bestimmungen bei Gütern mit Bezug zu ABC-Waffen, Flugkörpern und Trägersystemen hierzu (§ 5), Gütern, die zur internen Repressionen und schwerwiegenden Verletzungen der Menschenrechte und des Völkerrechts verwendet werden können (§ 6),Verteidigungsgütern und bestimmten Chemikalien (§ 14) sowie Dual-Use-Gütern (§ 15).

Es wird ein besonderes Augenmerk auf den **Endverbleib und die Endverwendung** gelegt.
Diese müssen überprüft und durch geeignete Dokumente (z.B. behördliche Genehmigung vom Bestimmungsland, verbindliche Endverbleibserklärung) nachgewiesen werden (§ 13). Eine Genehmigung darf nur erteilt werden, wenn keine Gefahr für ein **Umgehungsgeschäft** durch Umlenkung der Endverwendung besteht (§ 11).

Darüber hinaus ist sicherzustellen, dass die Güter nicht

1. die **inneren Konflikte** im Bestimmungsland auslösen oder verschärfen (§ 7),
2. die **Stabilität einer Region** gefährden oder Aggressionen und die gewaltsame Durchsetzung von Gebietsansprüchen gegen ein Land fördern,
3. die **Außenbeziehungen** Österreichs, seine **Sicherheitsinteressen** oder die eines EU-Mitgliedstaats beeinträchtigen (§ 9),
4. zur Förderung des **Terrorismus** und der **internationalen Kriminalität** verwendet werden (§ 10),
5. die **langfristige Entwicklung** im Bestimmungsland ernsthaft gefährden (§ 12),
6. gegen die Verbote für den Handel und Transport von bestimmten Chemikalien an Staaten, die nicht der **Chemiewaffenkonvention** angehören, verstoßen, oder dem Handel und Transport von Gütern im Sinne von Artikel 1 der **Biotoxinkonvention** dienen (§ 18 Absatz 1 Ziffer 1 und 2),
7. gegen verbindliche Beschlüsse der OSZE, GASP, oder UNO (§ 18 Absatz 1 Ziffer 3) verstoßen und selbstverständlich im Einklang mit dem EU-Recht sind.

Die Genehmigungen erfolgen durch das BMAW per Genehmigungsbescheid als **Einzelgenehmigungen** (für ein bestimmtes Geschäft), **Allgemeingenehmigungen** (bezogen auf bestimmte Güterkategorien und Bestimmungsländer) oder **Globalgenehmigungen** (zeitlich begrenzt für eine oder mehrere Güterkategorien mit einem oder mehreren genau festgelegten Empfängern oder Drittstaaten).

Im Fall der nationalen Allgemeingenehmigungen wird unterschieden zwischen:

- „**Allgemeingenehmigungen der EU**“: basierend auf den Vorschriften in EU-Sanktionsverordnungen,
- „**nationale Allgemeingenehmigungen**“: im Bezug auf Dual-Use-Güter (siehe dazu § 16)
- „**Allgemeingenehmigungen im Verkehr innerhalb der EU**“: im Bezug auf die Verbringung von Verteidigungsgütern innerhalb der EU

Für Importe nach Österreich gibt es die Möglichkeit der Ausstellung eines **Importzertifikates** (§ 21), um die Einfuhr zu erleichtern.
Dieses ist beim BMAW zu beantragen, welches per Bescheid entscheidet und Auflagen vorschreiben kann.

Das BMAW kann die Genehmigung mit **Auflagen** – auch noch nachträglich – verbinden (§§ 54 und 57), so bspw. die Auflage, dass die Waren nur an eine Person mit gültiger Handelsgenehmigung für diese Art von Waren abgegeben werden dürfen oder nachgewiesen werden muss, dass die Ware tatsächlich beim angegebenen Empfänger und Bestimmungsland angekommen ist.

Die Anträge auf Genehmigung sind **schriftlich** zu stellen und nach Möglichkeit **elektronisch einzubringen**, wobei dazu die online abrufbaren **amtlichen Formulare** zu verwenden sind (§§ 52 und 53). Nachweise und erforderliche Unterlagen sind in Kopie beizufügen.

Die erlassenen Bescheide sind für mindestens **fünf Jahre aufzubewahren**. Die Aufbewahrungsfrist beginnt aber **erst mit Ende des Kalenderjahres** zu laufen, in dem der genehmigte **Vorgang** (das Warengeschäft) **abgeschlossen wurde** (§ 65 Absatz 4).

Betroffen davon sind Rechnungen, Ladungsverzeichnisse, Beförderungs- und Versandpapiere sowie Daten zu den Gütern, den beteiligten Unternehmen und verantwortlichen Personen, Endempfänger und Endverwender. Die genauen Anforderungen finden sich unter § 65 Absatz 2.

Die Genehmigungsbescheide und die Zertifikate können **widerrufen** werden und sind in diesem Fall unverzüglich an das BMAW zurückzusenden (§ 57).

Gesonderte Bestimmungen:

- Mit der **Verbringung von Verteidigungsgütern innerhalb der EU** befassen sich die §§ 26 bis 40 inklusive den Vorgaben für diesbezügliche Einzelgenehmigungen (§ 31), Allgemeingenehmigungen (§ 28) und Globalgenehmigungen (§ 30), sowie der Möglichkeit zur Zertifizierung (§ 36 bis § 40).

- Auch für **Güter im Sinne der Chemiewaffenkonvention und Biotoxinkonvention gibt** es noch gesonderte Regelungen in den §§ 41 bis 48 und § 66.

Voranfragen

Nach § 62 können an das BMAW sogenannte Voranfragen gestellt werden. Es handelt sich hierbei um eine Anfrage per förmlichen Antrag, über den das BMAW mit Bescheid entscheidet. Angefragt wird noch vor Vertragsabschluss, ob ein außenhandelsrechtlich relevantes Rechtsgeschäft und die dazu geplanten Vorgänge abgeschlossen werden können.

Das BMAW stellt daraufhin fest, dass

1. kein Verbot oder Genehmigungspflicht vorliegt.
2. ein Verbot für das geplante Geschäft vorliegt.
3. eine Genehmigungspflicht vorliegt und
    a) die Genehmigung erteilt werden kann oder
    b) nur unter Auflagen die Genehmigung möglich ist.
    c) die Erteilung der Genehmigung verweigert wird.

2.3.2.3 Befugnisse

Das BMAW hat zur Überwachung der Einhaltung der Sanktionsmaßnahmen folgende Befugnisse (§ 63):

1. Überprüfung von Transportmitteln und Einrichtungen.
2. Anforderung von Daten und Informationen.
3. Beteiligte Personen befragen.
4. Einsicht in Unterlagen und Aufzeichnungen nehmen und Kopien und Fotografien anfertigen.
5. Proben entnehmen und analysieren.
6. Überwachungshandlungen vor Ort anordnen.

Bei Vorortprüfungen ist der Eigentümer/Betriebsinhaber mindestens eine Woche im Voraus zu verständigen.
Bei Gefahr im Verzug kann diese Verständigung aber auch erst vor Ort erfolgen oder im Nachhinein, falls weder der Eigentümer noch der Betriebsinhaber erreichbar sind.
Eine Störung des Geschäftsbetriebs und jedes Aufsehen sind bei der Ausübung der Befugnisse möglichst zu vermeiden.

2.3.2.3 Strafen

Wird den Beteiligten ein Verstoß gegen Verbote, Genehmigungs- oder Meldepflichten nachgewiesen, so müssen diese die **Kosten des Verfahrens**, einschließlich der **Kosten der Überwachung**, tragen (§ 63 Absatz 1 letzter Satz).

Zusätzlich können die beteiligten **Güter sichergestellt** oder durch den Zoll **beschlagnahmt** werden. Im schlimmsten Fall droht hier die Zwangsverwertung oder Vernichtung der Waren (§ 84).

Daneben können noch Freiheits- oder Geldstrafen aufgrund **strafrechtlicher** oder **verwaltungsrechtlicher** Bestimmungen erfolgen.

Für gerichtlich strafbare Handlungen **im Verkehr mit Drittstaaten** drohen nach § 79 **Freiheitsstrafen von bis zu drei Jahren** für strafrechtliche Verstöße gegen nationale Verordnungen, EU-Verordnungen und beim Genehmigungsverfahren, etwa durch Erschleichung einer Genehmigung durch unrichtige Angaben.
Als **Erschwerungsgrund** gelten die gewerbsmäßige Begehung der Tat und die Täuschung durch Urkundenfälschung, falsche oder verfälschte Daten, Beweismittel oder Messgeräte. Hier droht eine **Freiheitsstrafe von sechs Monaten bis fünf Jahren**.

Bei **Fahrlässigkeit** verringert sich die Strafe für die meisten Delikte auf eine Freiheitsstrafe von bis zu **einem Jahr oder eine Geldstrafe**.
§ 80 richtet sich an gerichtlich strafbare Handlungen im **Verkehr innerhalb der EU** und sieht eine geringere **Freiheitsstrafe von bis zu zwei Jahren** vor.
Bei gewerbsmäßiger Begehung oder Täuschung durch Urkundenfälschung, falsche/verfälschte Beweismittel und Messgeräte drohen bis **zu drei Jahre Freiheitsstrafe**.
Wurde die Tat nur **fahrlässig** begangen, verringert sich die mögliche **Freiheitsstrafe auf maximal sechs Monate oder** es wird eine **Geldstrafe** verhängt.

Für strafrechtliche Verstöße im Zusammenhang mit bestimmten **Chemikalien und Gütern, die unter die Biotoxinkonvention** fallen, sieht § 81 **Freiheitsstrafen von bis zu drei Jahren oder bis zu fünf Jahren vor**, wenn einer der bereits bekannten Erschwerungsgründe vorliegt.
Bei **Fahrlässigkeit** droht eine Freiheitsstrafe **von sechs Monaten bis fünf Jahren oder eine Geldstrafe.**

Sollte ein Beitrag zur Herstellung, Verbreitung, Prüfung oder Instandhaltung von **ABC-Waffen** und deren Trägersystemen geleistet worden sein, so droht nach § 82 eine **Freiheitsstrafe von bis zu fünf Jahren**. Durch die bekannten Erschwerungsgründe erhöht sich diese von mindestens **einem Jahr bis zu zehn Jahren**.
Bei **Fahrlässigkeit** muss mit einer **Freiheitsstrafe von bis zu zwei Jahren oder einer Geldstrafe** gerechnet werden.

Verwaltungsübertretungen nach § 85 sind **Finanzvergehen** und werden bei Vorsatz mit einer **Geldstrafe** von bis zu EUR 20.000,- bestraft. Bei **Fahrlässigkeit** sind es bis zu EUR 10.000,-. Eine Verwaltungsstrafe ist allerdings nur möglich, wenn keine gerichtliche Zuständigkeit vorliegt. Der **Versuch** ist ebenso strafbar.

Weitere Verwaltungsstrafbestimmungen finden sich in § 87 für vorsätzliches Zuwiderhandeln gegen Melde- und Informationspflichten, nicht fristgerechte Vorlage von Nachweisen, Erschleichung oder unrichtige Verwendung eines Importzertifikats. Es drohen **Geldstrafen** von bis zu EUR 40.000,- und bei Fahrlässigkeit bis zu EUR 25.000, -.

2.3.2.4 Zusammenfassung Österreich

Die für den Warenhandel relevanten **gesetzlichen Grundlagen** bildet das Außenwirtschaftsgesetz 2011 (AußWG) mitsamt der ergänzenden Ersten Außenwirtschaftsverordnung und Zweiten Außenwirtschaftsverordnung.
Aufsichtsbehörde für Sanktionen und Embargos ist grundsätzlich das **Bundesministerium für Arbeit und Wirtschaft** (BMAW), solange nicht bestimmte Bereiche in andere Zuständigkeiten fallen. So ist z.B. die österreichische Nationalbank die Aufsichtsbehörde für den Finanzsektor und für Sanktionsmaßnahmen, die den Kapital- und Zahlungsverkehr betreffen, zuständig, wie etwa das Einfrieren von Vermögen.

Das **BMAW** ist **auch für die Genehmigungen und Importzertifikate** zuständig. Anträge sind nach Möglichkeit online an das BMAW zu stellen. Ob Genehmigungen und Auflagen eingehalten werden bzw. vorliegen müssen, prüfen die Zollbehörden.

Unterlagen aus den Genehmigungsverfahren sind für **mindestens 5 Jahre, beginnend Ende des Kalenderjahres, in dem das genehmigte Geschäft vollendet wurde**, aufzubewahren.
Gegenüber den Aufsichts- und Zollbehörden ist man **auskunftspflichtig** und muss auf Verlangen auch Beweise wie schriftliche Unterlagen vorweisen.
Die Aufsichtsbehörden können innerhalb ihres Zuständigkeitsbereiches auch **Vorortprüfungen** abhalten.

Verstöße können eine gerichtliche **Straftat** oder eine **Verwaltungsübertretung** darstellen und mit **Geld oder Freiheitsstrafen von bis zu 5 Jahren** belegt werden. Zusätzlich können **Beschlagnahmungen** erfolgen. Es gibt für die Strafe mildernde und erschwerende Umstände.

Der **Versuch** und – in vielen Fällen – die **Fahrlässigkeit** sind ebenfalls strafbar. Letzteres wirkt aber in der Regel strafmildernd.

2.3.3 Unterschiede zwischen Deutschland und Österreich

	Deutschland	Österreich
„ultimate beneficiary“	Wirtschaftlich Berechtigter	Wirtschaftlicher Eigentümer
Freiheitsstrafen	Bis zu 10 Jahre	Bis zu 5 Jahre
Nicht gerichtliche Strafen sind eine	Ordnungswidrigkeit	Verwaltungsübertretung
Relevante Behörde	Bundesamt für Wirtschaft und Ausfuhrkontrolle (BAFA)	Bundesministerium für Arbeit und Wirtschaft (BMAW)
Strafe erschwerend	Gewerbsmäßigkeit Mitgliedschaft in einer kriminellen Bande Arbeit für einen ausländischen Geheimdienst	Gewerbsmäßigkeit Täuschung durch Urkundenfälschung, falsche Beweise oder Messgeräte
Strafmilderungsgründe	Leichtfertigkeit Fälle minderer Schwere	Fahrlässigkeit
Gesetzliche Basis	Außenwirtschaftsgesetz (AWG) Außenwirtschaftsverordnung (AWV)	Außenwirtschaftsgesetz (AußWG) Erste und Zweite Außenwirtschaftsverordnung
Besonderheit	Einzeleingriff Sanktionendurchsetzungs-gesetz	Voranfrage
Aufbewahrungsdauer	5 Jahre beginnend mit dem Ablauf der Genehmigung	5 Jahre beginnend mit Ende des Kalenderjahres, in welchem der genehmigte Vorgang abgeschlossen wurde.

2.4 Zusammenhänge mit anderen Rechtsgebieten

Das Sanktionenrecht und die praktische Sanktionen- & Embargoprüfung überschneiden sich auch mit anderen Rechtsbereichen.

Gerade im Hinblick auf den Warenhandel ist eine natürliche Nähe zum **Zollrecht** und den damit verbundenen Sorgfaltspflichten, Prüfmechanismen und Genehmigungsverfahren gegeben.

Da im Zuge eines Sanktionslistenchecks auch zugleich auf etwaige Listungen mit Bezug zu Terrorismus kontrolliert werden sollte, sind auch Compliance-Prozesse im Hinblick auf die **Prävention von Terrorismusfinanzierung** („Counter Terrorist Financing" (CTF)) einzuhalten. Wie bei der Terrorismusfinanzierung reichen schon minimale Beträge für einen Verstoß aus und es ist nicht von Bedeutung, ob die Beträge aus legalen Mitteln stammen und erwirtschaftet wurden oder nicht. Allein die illegale Verwendung der Mittel durch den (End-)Empfänger ist maßgeblich.

Daher sollten die Sanktions- und die Terrorismuspräventionsprüfung unserer Meinung nach Hand in Hand gehen. Dies gilt gerade im Hinblick auf die Prüfung und Kontrolle wer der eigentliche **Endempfänger** ist, wie die **Mittel genutzt werden** sollen, ob die Gelder in ein (aufgrund der politischen Lage) **Hochrisikoland** gehen sollen oder in ein **typisches Umgehungsland**, von welchem das Geld dann weitergeleitet wird, ob eine **gelistete Person, Unternehmen oder Organisation involviert** ist oder etwaige **Strohmänner** dazwischen geschaltet sind, durch welche der Endempfänger verheimlicht werden soll.[12]

[12] Detaillierte Informationen zur Feststellung von Risiken im Bezug auf die Terrorismusfinanzierung finden Sie auf der Webseite der FATF unter https://www.fatf-gafi.org/en/topics/Terrorist-Financing.html (Stand 01.11.2023).

Die meisten Überschneidungen gibt es mit der **Geldwäscheprävention** („Anti Money Laundering" AML) und den gesetzlichen Sorgfaltspflichten zu dieser.
Sowohl für AML als auch Sanktionen gilt:

- **„Know Your Costumer" (KYC)**
  Die Überprüfung seines eigenen Kunden (und Geschäftspartners), wer er ist, wer dahintersteht, in welchem Bereich er tätig ist und was im Laufe der Geschäftsbeziehung erwartet werden kann.

- **„Know Your Costumer´s Costumer" (KYCC)**
  Die Überprüfung der Abnehmer seines Geschäftspartners, folglich der Lieferkette des Endabnehmers und der Endverwendung.

- **Mittelherkunftsprüfung**
  Wie wurde das Geld, welches ich durch meinen Kunden/Geschäftspartner erhalte, erwirtschaftet? Stammte es aus legalen und sanktionsfreien Geschäften? Hat er es von Dritten erhalten, die in keinem direkten Zusammenhang zu seinen üblichen Geschäftstätigkeiten stehen?

- **Der Weg des Geldes**
  Welchen Weg (Transaktionsweg) soll das eingesetzte Geld nehmen bzw. hat es genommen? Über **Offshore- und mögliche Umgehungsländer**?
  Kommt es direkt vom Kunden/Geschäftspartner oder über Dritte? Sind Briefkastenfirmen im Zahlungsverkehr zwischengeschaltet?

- **Wirtschaftlicher Berechtigter/Eigentümer (wB/wE)**
  Wer steht hinter dem Unternehmen meines Kunden/Geschäftspartners? Wer ist der Nutznießer des erwirtschafteten Gewinnes und hält die eigentliche Kontrolle?

Und wer steht hinter dem Unternehmen, welches am Ende meine Waren erhält oder welches meine Waren produziert hat?
Liegt ein Treuhandverhältnis oder eine komplizierte Beteiligungsstruktur vor, welche den eigentlichen wB/wE verschleiern soll?

- **Bargeldzahlungen, Hawala-System und Kryptowährungen**
  Alle drei haben ein hohes Maß an Anonymität und des fast nicht mehr rückverfolgbaren Transaktionsweges gemeinsam. Deswegen wird gerne auf sie zurückgegriffen, um die Mittelherkunft, den Weg des Geldes und den Endempfänger/Endnutznießer zu verschleiern, und sie bieten sich daher für die Geldwäsche und Sanktionenumgehung an. Hawala (arabisch für „Vertrauen") ist ein auf Vertrauen basierendes, informelles Transaktionssystem, ohne dass Banken involviert werden. In der Regel übergibt der Geldsender Bargeld an den Hawaladar mit einem Kennwort und dem Auftrag, das Geld an jemanden in einem anderen Land auszuzahlen, der dieses Kennwort kennt. Sodann kontaktiert der Hawaladar des Senders den Hawaladar des Empfängers, welcher dann das Geld auszahlt.[13]

- **Transaktionsmonitoring und die Kontrolle von Korrespondenzbankbeziehungen für Banken**
  Banken sind gesetzlich dazu verpflichtet, die Transaktionen ihrer Kunden zu überwachen und sowohl aus AML-, CTF- und Sanktionengesichtspunkten zu überprüfen.
  Aus denselben Gründen müssen sie auch Korrespondenzbanken (Banken, die gegenseitig Konten angelegt haben, um Direktüberweisungen zu ermöglichen) und Clearer-Banken (zwischengeschaltete Banken, da Überweiser- und Empfängerbank keine gegenseitigen Konten besitzen) überprüfen.[14]

---

[13] Scherschneva, *„Geldwäsche-Compliance auf den Punkt gebracht"*, 4. Auflage, Dezember 2022, Seite 76.
[14] Die einzelnen Prüfpflichten und die Rolle der Banken werden im nächsten Kapitel unter Punkt 3.7 ausführlich behandelt.

3. Die Sanktionenprüfung in der Praxis

3.1 Allgemeines zur Sanktionen-Compliance

Einen Unternehmer treffen gewisse Sorgfaltspflichten, umschrieben als Compliance. Im Bereich Sanktionen ist vorweg zu überlegen, wie sehr das Unternehmen einem Risiko ausgesetzt ist, Sanktionsmaßnahmen zu verletzen, sei es durch grobe Fahrlässigkeit, weil keine geeignete Sanktionenprüfung durchgeführt wurde (sei es mangels Kenntnis, notwendiger Ressourcen und Systeme oder mangelnder Schulung und Sensibilisierung), oder indem Dritte versuchen, das Unternehmen für Umgehungsgeschäfte zu missbrauchen.

Diese Überlegung sollte für das gesamte Unternehmen und seine Geschäftstätigkeit angestellt werden, wie auch bei den einzelnen Geschäften.

Risikofaktoren, die jedenfalls bedacht werden sollten, sind:

- **Länderrisiko:** Gibt es einen Bezug zu sanktionierten Ländern oder typischen Umgehungsländern?

- **Produktrisiko:** Geht von den gehandelten Waren und Dienstleistungen ein Risiko aus?
  Unabhängig vom Länderbezug sehen wir jedenfalls bei Waffen, militärischen Gütern und Dual-Use-Gütern, einschließlich technischen Services, Wissenstransfer und Vermittlertätigkeiten, ein höheres Risiko gegeben.

- **Kunden-/Geschäftspartnerrisiko:** Geht von den Kunden und Geschäftspartnern ein entsprechendes Risiko aus? Etwa wenn diese nur Vermittler oder Zwischenhändler sind und Indizien vorliegen, dass sie selbst Waren mit sanktionierten Ländern handeln, oder dass einer der Eigentümer sanktioniert ist.

Gibt es Grund zur Annahme, dass der eigentliche Eigentümer oder Endempfänger/-verwender verschleiert werden?

- **Exterritoriales Risiko:** Besteht für das Unternehmen und seine Geschäftstätigkeiten ein Bezug zu einem Land, welches Sanktionen mit exterritorialer Wirkung (secondary sanctions) erlassen hat? So zum Beispiel die USA oder Großbritannien.

  Entsprechend des festgestellten Risikos sollten **geeignete Maßnahmen** ergriffen werden, um das **Risiko zu minimieren**. Zusätzlich einer sorgfältigen Prüfung des einzelnen angestrebten Geschäfts und der Geschäftspartner.

Geeignete Maßnahmen wären beispielsweise:

A. Bestellung zumindest eines **verantwortlichen Sanktionen-beauftragten.** Wir empfehlen, zumindest zwei Mitarbeiter rein für die Sanktionenprüfung abzustellen. Diese können sich austauschen, vertreten und im Vier-Augen-Prinzip Entscheidungen fassen.

B. Das Festlegen von **internen Compliance-Regeln** im Sinne eines Verhaltenskodex, an welchen sich alle Mitarbeiter zu halten haben.

C. **Sicherungs- und interne Kontrollsysteme,** um die Einhaltung der Compliance-Vorschriften innerhalb des Unternehmens sicher-zustellen.

D. **Regelmäßige Schulung und Sensibilisierung** der eigenen Mitarbeiter in Bezug auf Sanktionen.

E. **Ordentliche Dokumentation und Archivierung**, so dass auch ein Dritter (behördlicher Prüfer) sich rasch zurechtfinden und erkennen kann, welche wesentlichen Kriterien geprüft und Schritte unternommen wurden, die schlussendlich zur Entscheidung geführt haben.

F. Dem Risiko und der Unternehmensgröße entsprechende **Ausstattung, Organisation und Bereitstellung von Ressourcen** für die Sanktionenprüfung.

G. Die Zuhilfenahme von **automatisierten Prüfsystemen,** um eine regelmäßige (eigentlich tägliche) Prüfung des eigenen Kundenstammes auf etwaige Neulistungen zu durchzuführen.

Dies stellt sicher, dass neue Geschäftspartner und deren Geschäftsführer/ Vertretungsbefugte und wirtschaftliche Berechtigte/Eigentümer auf etwaige Sanktionierungen durchleuchtet („**screening**“) werden. Um auch andere Bereiche abzudecken, sollte nicht nur eine Abfrage rein von Sanktionenlisten erfolgen. Viele Tools am Markt bieten zusätzliche Informationen und können weitere Listen abfragen. Etwa Terrorlisten, negative Berichterstattung, staatsnahe Unternehmen oder Strafregister.
Auch raten wir die Abfrage nicht rein auf **EU-Listen** zu beschränken. Zumindest die **UN-Listen** und die **OFAC-Listen der USA** sollten ebenso abgerufen werden, selbst wenn kein US-Bezug besteht. Denn auch Banken prüfen anhand von diesen und es besteht ein hohes Risiko, dass bei einem OFAC-Listentreffer viele Banken das Geschäft nicht begleiten und keine Transaktionen dazu abwickeln werden. Aber auch die Sanktionslisten anderer Länder können nützliche Hinweise zur Risikominimierung bieten, selbst wenn die Sanktionen dieser Länder für das Geschäft nicht relevant sind. Eine **manuelle und kostenfreie Abfrage der EU-Sanktionslisten** ist über die „EU Sanctions Map“ möglich (Suchfeld unterhalb der Weltkarte), **für US-Sanktionen** über die „OFAC sanction search“-Webseite[15].

---

[15]Siehe Anhang IV im Buch für nützliche Webseiten.

Dies sind nicht nur reine Empfehlungen unsererseits, sondern werden auch vom Gesetzgeber als geeignete Maßnahmen betrachtet. Für die Entscheidung des BMAW, ob ein Unternehmen eine beantragte **Export-/Importlizenz** erhält, werden die meisten der oben genannten Punkte **vorausgesetzt**!
Siehe dazu § 36 AußenWG für die Voraussetzungen einer Lizenzgenehmigung, § 49 zu den geeigneten Maßnahmen innerhalb eines Unternehmens sowie §§ 50 und 51 zur Bestellung von verlässlichen verantwortlichen Beauftragten.

3.2 KYC und KYCC

Unter **KYC** versteht man das **„Know Your Costumer"-Prinzip**. Folglich setzt man sich mit seinem Kunden/Geschäftspartner, dessen Geschäftstätigkeiten (z.B. dessen Produktpalette) und Eigentümern und Geschäftsführern auseinander, um seinen Geschäftspartner und das zu erwartende Geschäft abschätzen zu können, und hält seine Erkenntnisse schriftlich fest. Böse Überraschungen sollen dadurch verhindert bzw. rechtzeitig erkannt werden. Von daher wenden wir das KYC-Prinzip auch im Sanktionenbereich an und sehen es als Bestandteil einer ordentlichen Prüfung des Geschäftes und der Dokumentation an.

KYCC („Know Your Costumer's Costumers") führt dasselbe Prinzip fort und erweitert es auf die Kunden und Geschäftspartner des eigenen Geschäftspartners. Man setzt sich daher mit der Geschäftstätigkeit des Gegenübers noch tiefer auseinander, um zu erkennen, wer dessen Kunden sind. KYCC steht eng im Zusammenhang mit der Lieferkettenprüfung, Endabnehmerprüfung und der Prüfung von potenziellen Umgehungsgeschäften.

3.2.1 Umgehungsgeschäfte

Umgehungsgeschäfte sind Geschäfte, mit denen gezielt Sanktionsmaßnahmen gegen ein Land umgangen werden sollen.
Die vorsätzliche Umgehung, vorsätzliche Teilnahme an einer Umgehung und bereits der Versuch sind **strafbar**. Grundsätzlich kann ein Umgehungsgeschäft über Unternehmen mit Sitz in einem beliebigen Land abgewickelt werden.

In unserer Prüfpraxis haben sich einzelne Länder herauskristallisiert, über welche typischerweise Umgehungsgeschäfte abgewickelt werden (siehe dazu unsere Länderliste im Anhang). Oft ist bereits die regionale Nähe zu einem sanktionierten Land der Grund hierfür, gepaart mit mangelnder behördlicher Kontrolle oder politischem Willen. Typische Beispiele wären Belarus als Umgehungsland der Russland-Sanktionen oder Libanon im Bezug auf die Syrien-Sanktionen.

Beispiel Kasachstan
Mit der Verhängung von Embargos gegen Russland stieg der Handel europäischer Unternehmen mit Kasachstan sprunghaft an. Zeitgleich auch der Export von Kasachstan nach Russland. Es gibt Medienberichte, dass die Nachfrage nach Haushaltsgeräten in Kasachstan stark ansteigt, der flächendeckende Austausch von Altgeräten dürfte kaum die Ursache dafür sein. Vielmehr wird es um die Halbleiter-Chips gehen, die in diesen Geräten verbaut sind und für den Export nach Russland sanktioniert wurden.
Denn während im Jahr 2021 Halbleiter im Wert von gerade einmal USD 10.000,- von Kasachstan nach Russland exportiert wurden, waren es im folgendem Jahr plötzlich USD 3,7 Mio.[16]

Es ist auch die Pflicht zu prüfen, ob ein Umgehungsgeschäft vorliegt, wenn dafür bestimmte **Indikatoren** sprechen. Solche sind beispielsweise:

---

[16] Kynast, „*Das Waschmaschinen-Rätsel von Kasachstan*“, 15.06.2023, in ZDF https://www.zdf.de/nachrichten/politik/kasachstan-sanktionen-russland-waschmaschinen-100.html (Stand 01.11.2023).

- Bezug zu einem **typischen Umgehungsland**, etwa weil der Geschäftspartner oder der vermeintliche Endabnehmer in diesem seinen Sitz hat.

- Wenn das Geld über einen **Dritten / ein Drittland transferiert werden soll**, anstelle vom Vertragspartner direkt, ohne dass es dafür einen plausiblen Grund gibt.
  <u>Zum Beispiel</u> ist Ihr Geschäftspartner eine türkische Firma. Den Kaufpreis sollen Sie aber durch eine andere Firma mit Sitz in Dubai erhalten.
- Wenn der Geschäftspartner reiner **Zwischenhändler oder Vermittler** ist.

- Wenn es Anzeichen dafür gibt, dass es sich beim Geschäftspartner um eine **Briefkastenfirma** ohne eigene operative Geschäftstätigkeit handelt.
  <u>Hinweise dafür</u> wären etwa, wenn keine Informationen im Internet zum Geschäftspartner auffindbar sind, außer dass er offiziell in ein Handelsregister eingetragen wurde und die Sitzadresse am Ende nur ein Wohnhaus ist, wo vielleicht noch dazu eine Vielzahl von Firmen ihren eingetragenen Sitz haben.

- Wenn das **gehandelte Gut nicht zum Geschäftspartner passt**. Folglich nicht zu den Angaben aus dem Handelsregister oder der Unternehmenswebseite oder zur Branche des Geschäftspartners passt. Zum Beispiel, wenn ein Lebensmittelhändler Elektrogeräte kaufen möchte.

- Wenn es einen Bezug zu **Offshore-Gesellschaften** gibt.

- Wenn es Hinweise auf **Strohmänner** gibt.

- Wenn es Hinweise dafür gibt, dass der **Geschäftspartner selbst einen Bezug zu einem sanktionierten Land** hat.
  Zum Beispiel, wenn die Unternehmenswebseite nicht nur in Englisch, sondern auch auf Russisch aufrufbar ist wenn es Außenstellen und Tochtergesellschaften in Sanktionsländern gibt oder mit Geschäftspartnern aus sanktionierten Ländern geworben wird oder wenn E-Mail-Adresse oder Telefonnummer ihren Ursprung in einem sanktionierten Land haben.

- Es wurden zwei **EU-Listen** durch die EU-Kommission herausgegeben. Diese beinhalten für **Russlands Kriegswirtschaft bedeutende Waren**, welche bereits von den Embargos für den Export nach Russland umfasst sind. Beim Export dieser Güter in ein Drittland sollte gemäß diesen Listen daher ganz besonders auf ein etwaiges Russland-Umgehungsgeschäft geachtet werden.[17]

Bei entsprechenden Hinweisen sollten jedenfalls weitere Prüfungen und Maßnahmen ergriffen werden, um das Risiko einer Sanktionenumgehung zu minimieren. Etwa durch die Einholung einer Endverbleibsbestätigung oder behördlicher Genehmigungen und Firmenunterlagen von Seiten des Geschäftspartners.

Im Zweifel sollte das Geschäft nicht abgeschlossen werden. Denn bedenken Sie: Sollte es sich tatsächlich um ein Umgehungsgeschäft handeln, so wird die (Schein-)Firma aus dem Drittland die Strafe nicht treffen, denn ohne EU-Bezug gelten für diese die EU-Sanktionen ohnehin nicht.

Sie und Ihr Unternehmen tragen das Risiko einer Strafe!

---

[17] Siehe Anhang IV im Buch für nützliche Webseiten.

3.2.2 Das mittelbare Bereitstellungsverbot

In der Regel sind nicht nur der direkte Handel und das unmittelbare Bereitstellen von Geldern und wirtschaftliche Ressourcen an sanktionierte natürliche oder juristische Personen verboten, sondern auch der indirekte Handel und die mittelbare Bereitstellung (bspw. Art 5aa EU-VO 833/2014).

Es soll verhindert werden, dass über den Handel mit Tochterfirmen, Scheinfirmen und Strohmänner unter Kontrolle des Sanktionierten die Güter zu ihm gelangen oder er Gelder oder sonstige finanzielle Vorteile indirekt aus dem Geschäft erlangt.

Das mittelbare Bereitstellungsverbot liegt dann vor,

a) wenn eine sanktionierte natürliche oder juristische Person **über 50% der Anteile** (genau 50% reichen nach dem EU-Recht noch nicht aus, im Gegensatz zum US-Recht, wo es bereits mit genau 50% greift) direkt oder indirekt (zurechenbar über mehrere Beteiligungsebenen) am nicht sanktionierten Unternehmen des Geschäftspartners hält,

b) oder **Kontrolle** über den Geschäftspartner ausübt. Diese liegt bspw. vor, wenn die sanktionierte Person über die **Mehrheit der Stimmrechte** im nicht sanktionierten Unternehmen verfügt oder über maßgeblich **Kontrollrechte gegenüber dessen Geschäftsführung** (z.B. Bestellungs- und Abberufungsrechte des Geschäftsführers oder der Vorstände) verfügt.

In einem solchen Fall ist ein Geschäft mit dem nicht sanktionierten Unternehmen wie ein Geschäft mit der sanktionierten Person zu betrachten und daher verboten.

Zwar können auch hier wieder Ausnahmen greifen, wir raten aber dennoch von einer derartigen Geschäftsbeziehung ab. Ebenso, wenn die sanktionierte Person knapp unter 50% der Anteile (z.B. 49%) halten sollte oder sonstige Hinweise darauf vorliegen, dass sie in Wahrheit immer noch die Kontrolle ausübt.

Zum Beispiel in dem einzelne oder mehrere Vorstände von ihr bestellt wurden oder ein nahes Familienmitglied oder Freund die Anteile der sanktionierten Person übertragen bekommen hat. Die Gefahr eines Umgehungsgeschäftes ist in einem solchen Fall hoch

Auch sind viele Banken in ihrer Geschäftspolitik strenger und begleiten keine Geschäfte oder wickeln Transaktionen dazu ab, wenn eine sanktionierte Person – auch mit deutlich geringeren Anteilen – in irgendeiner Form an diesem beteiligt ist.

Staatsunternehmen
Beachten Sie auch, dass Unternehmen, deren Anteile zu über 50% durch einen Staat, staatliche Organisation/Einrichtung oder Staatsunternehmen gehalten werden, ebenfalls als Staatsunternehmen zu betrachten sind.

3.3 Die Prüfung anhand der Zolltarifnummern

Die Zolltarifnummern sind für die Prüfung, ob Embargos für ein bestimmte Gut vorliegen, unabdingbar. Alle EU-Sanktionsverordnungen, welche Embargobestimmungen für bestimmte Güter beinhalten, beziehen sich auf die Zolltarifnummern.
Wenngleich es streng genommen juristische Unterschiede zwischen den einzelnen Codes gibt, werden in der Praxis Zolltarifnummern auch anders bezeichnet.
Zum Beispiel:

- Zoll-/Warennummern
- Zoll-/Warentarifnummern
- Zoll-/Waren-Codes
- Warenprüfnummer
- TARIC-Code („Tarif Intégré des Communautès Europèenes“, folglich der einheitliche Zolltarif der EU)

- HS-Code (HS steht für Harmonisiertes System)
- KN-Code (KN steht für Kombinierte Nomenklatur)
- CN-Code (KN-Code auf Englisch)

Sie werden fast weltweit verwendet, wobei die EU einen insgesamt 11-stelligen Code vorgibt.

Für Importe in die EU muss der gesamte 11-stellige Code bei der Einfuhranmeldung angegeben werden. Für den Export werden in der Ausfuhranmeldung nur die ersten 8 Stellen eingetragen.

Anhand dieses Codes können alle Waren untergliedert werden.
Die ersten zwei Stellen geben das Kapitel an, die 3.-4. Stelle die Position und die weiteren Stellen (jeweils zwei zusammen) geben dann jeweils weitere Unterpositionen an. Die 11-Stelle ist schließlich frei für nationale Vorgaben durch die Mitgliedstaaten.

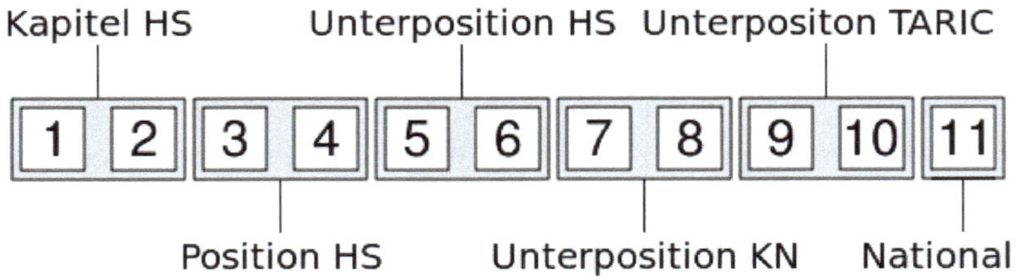

Abbild Taric-Code[18]

Wir selbst verwenden allerdings praktischere Begriffe für unsere eigene Prüfung. Denn die meisten Waren lassen sich nur innerhalb der ersten 4 bis 6 Stellen klassifizieren. Die restlichen Stellen werden in der Praxis oft mit 0 belegt oder in den Sanktionsverordnungen weggelassen.

[18]Stündle, 28.05.2012 in https://de.wikipedia.org/wiki/Datei:TARIC-Code.svg (Stand 01.11.2023)

Für die Sanktionenprüfung verstehen wir die ersten 4 Stellen als die **übergeordnete Warengruppe**.
Die folgenden zweier Paare geben dann immer tiefer gehende **Spezifikationen** an, falls eine Unterscheidung vorgesehen ist.

Beispiel:

KAPITEL 11 MÜLLEREIERZEUGNISSE; MALZ; STÄRKE; INULIN; KLEBER (-)

1101	**Mehl von Weizen oder Mengkorn :** (TN701)
1102	**Mehl von anderem Getreide als Weizen oder Mengkorn :**
1103	**Grobgrieß, Feingrieß und Pellets von Getreide :** (TN701)
1104	**Getreidekörner, anders bearbeitet (z. B. geschält, gequetsc ausgenommen Reis der Position 1006; Getreidekeime, gan**
1105	**Mehl, Grieß, Pulver, Flocken, Granulat und Pellets von Kart**
1106	**Mehl, Grieß und Pulver von getrockneten Hülsenfrüchten Position 0714 oder von Erzeugnissen des Kapitels 8 :**
1107	Malz, auch geröstet :
1107 10	- nicht geröstet :
	- - von Weizen
1107 10 11	- - - in Form von Mehl

Würden wir daher Mehl aus nicht geröstetem Malz handeln, wäre der Code 1107 10 11 (00 0).

Hierbei bildet 1107 die übergeordnete Warengruppe für Malz und 10 die übergeordnete Spezifikation für nicht geröstetes Malz und schließlich 11 die tiefer gehende untergeordnete Spezifikation, weil wir das Malz in Form von Mehl handeln.

Wie wir noch sehen werden, ist die Unterscheidung in Warengruppe und die einzelnen Spezifikationen für die Sanktionenprüfung sehr wichtig (siehe Kapitel 3.5).

Wie genau die einzelnen Güter klassifiziert gehören, ist eine herausfordernde Frage. Der deutsche Zoll bietet dazu unverbindliche Auskünfte an, wie auch

die Wirtschaftskammer Österreichs oder das österreichische Bundesministerium für Finanzen[19].
Letzteres bietet auch die Möglichkeit einer verbindlichen Zolltarifanfrage für österreichische Unternehmen an.

Über Webseiten wie www.zolltarifnummern.de kann man selbst versuchen, die richtige Zolltarifnummer zu ermitteln, da man mit diesem Tool mit der Warenbezeichnung den richtigen Code suchen kann.

Oftmals ist aber eine technische Expertise dazu notwendig, weswegen hier ein Austausch mit dem eigentlichen Produzenten bzw. zwischen den unternehmenseigenen Technikern und dem Sanktionenbeauftragen stattfinden sollte.

[19]Siehe Anhang IV im Buch für nützliche Webseiten.

Irrtum bei der Zolltarifnummernvergabe?

Die richtige Kategorisierung und Zolltarifnummernvergabe ist ein schwieriges und komplexes Thema, weswegen es leicht zu Fehlern und Irrtümern kommen kann. Davor sind nicht einmal die Ersteller von EU-Verordnungen gefeit. So findet sich im Anhang XXIII zu den Exportverboten nach Russland des Artikels 3k EU-VO 833/2014 der Warencode 9612 20:

Die Warenbeschreibung passt allerdings nicht zu diesem, sondern bezieht sich auf 9612 10 20 – Bändern aus Chemiefasern. Der Warencode 9612 20 steht für Stempelkissen:

9612 10 20	- -	aus Chemiefasern, mit einer Breite von weniger als 30 mm, dauerhaft in Kunststoff- oder Metallkassetten eingeschlossen, von der in automatischen Schreibmaschinen, automatischen Datenverarbeitungsmaschinen und anderen Maschinen verwendeten Art
9612 10 80	- -	andere
9612 20	-	**Stempelkissen**

9612 20	Aus Chemiefasern, mit einer Breite von weniger als 30 mm, dauerhaft in Kunststoff- oder Metallkassetten eingeschlossen, von der in automatischen Schreibmaschinen, automatischen Datenverarbeitungsmaschinen und anderen Maschinen verwendeten Art

Wir erhielten die schriftliche Bestätigung durch das BMAW, dass es sich hier um einen Irrtum handelt. Die Warenbeschreibung ist die richtige, aber es wurde der falsche TARIC-Code angeführt.

3.4 Die Prüfung anhand der Sanktionenverordnungen

Auch wenn bestimmte Gratis-Tools eine Abfrage etwaiger Embargos für eine bestimmte Ware über die Zolltarifnummer ermöglichen (z.B.https://ec.europa.eu/taxation_customs/dds2/taric/taric_consultation.jsp ?Lang=de oder https://auskunft.ezt-online.de/ezto/Welcome.do), so empfehlen wir doch auch immer eine Prüfung in der relevanten EU-Sanktionenverordnung selbst, jedenfalls wenn Sie durch eine Online-Abfrage den Hinweis bekommen, dass gegen diese Ware Sanktions-maßnahmen existieren.
Denn nur dann werden Sie alle Feinheiten, wie etwa **Ausnahmen, Abwicklungsfenster und Genehmigungsmöglichkeiten,** ermitteln können (siehe Punkt 3.4.3).

Aufgrund der aktuellen Bedeutung und des sehr großen Umfangs an Sanktionsmaßnahmen beziehen wir uns für unsere folgenden Beispiele auf die **EU-Verordnung 833/2014**.

Wir empfehlen den Abruf über Google mit EU 833 2014. Einer der ersten angezeigten Links wird *eur-lex.europa.eu* sein: die EU-Rechtsdatenbank der Union. Achten Sie darauf, dass Sie nicht direkt in die Verordnung selbst einsteigen (oft ist dies bei einem der ersten Links der Fall). Denn in diesem Fall ist das Risiko hoch, dass Sie eine veraltete Version der Verordnung angezeigt bekommen.

Richtig sind Sie, wenn Sie auf die Webseite selbst gelangen und eine Übersicht über die zeitlich nacheinander gereihten Versionen und abrufbaren Sprachen bekommen:

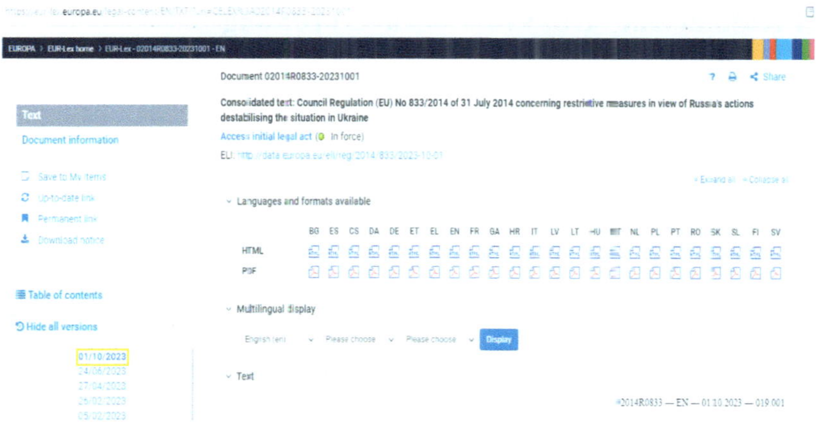

Oft wird die ursprüngliche Version beim Aufruf angezeigt. Welche Version Sie aktuell ausgewählt haben, zeigt Ihnen das **gelbe Rechteck** an:

Sie können dann noch zwischen den unterschiedlichen Sprachen der EU wählen und ob Sie eine PDF- oder HTML- Ansicht bevorzugen.

3.4.1 Aufbau einer EU-Sanktionenverordnung

Alle EU-Sanktionenverordnungen folgen derselben Struktur.

1. **Titel**

   Der Titel gibt den Namen und das ursprüngliche Datum des Inkrafttretens an. Aus dem Titel selbst lassen sich idR auch das Ziel und der Grund für die Sanktion bereits ableiten.

   > **VERORDNUNG (EU) Nr. 833/2014 DES RATES**
   >
   > **vom 31. Juli 2014**
   >
   > **über restriktive Maßnahmen angesichts der Handlungen Russlands, die die Lage in der Ukraine destabilisieren**

2. **Definitionen**

   Die Verordnung beginnt mit den Definitionen bestimmter Begriffe zur richtigen Auslegung und Anwendung im ersten Artikel.

   > *Artikel 1*
   >
   > Für die Zwecke dieser Verordnung bezeichnet der Ausdruck
   >
   > a) „Güter und Technologien mit doppeltem Verwendungszweck" die in Anhang I der Verordnung (EU) 2021/821 des Europäischen Parlaments und des Rates ([1]) aufgeführten Güter und Technologien;
   >
   > b) „zuständige Behörden" die auf den in Anhang I aufgeführten Websites angegebenen zuständigen Behörden der Mitgliedstaaten;

3. **Sanktionsmaßnahmen**

   Die weiteren Artikel beinhalten die einzelnen Sanktionsmaßnahmen, wobei idR jeweils ein Artikel Sanktionsmaßnahmen zu einem bestimmten Themenblock festlegt.
   Dies kann zum Beispiel eine bestimmte Branche oder Warenkategorie sein.

In den einzelnen Absätzen, Ziffern und Buchstaben (juristisch „litera“) werden diese Sanktionsmaßnahmen ausgeweitet oder spezifiziert.
Auch etwaige Ausnahmen, Abwicklungsfenster und Genehmigungsmöglichkeiten finden sich in diesen. Oft werden diese in den letzten Absätzen eines Artikels aufgelistet.

4. Anhänge

Da es sich um spezifische Sanktionen handelt, beziehen sich die Artikel mit ihren Sanktionenbestimmungen auf die mit ihnen zusammengehörigen Anhänge, welche am Ende der Verordnung angehängt werden. In diesen werden die sanktionierten Personen, Unternehmen, Organisationen oder Waren und Technologien individuell aufgelistet. So bezieht sich das Exportverbot für Industriegüter des Artikels 3k explizit auf die im Anhang XXIII angeführten Güter.

> *Artikel 3k*
>
> (1) Es ist verboten, die in Anhang XXIII aufgeführten Güter, die insbesondere zur Stärkung der industriellen Kapazitäten Russlands beitragen könnten, unmittelbar oder mittelbar an natürliche oder juristische Personen, Organisationen oder Einrichtungen in Russland oder zur Verwendung in Russland zu verkaufen, zu liefern, zu verbringen oder auszuführen.

5. Organisatorisches

Die Verordnungen beinhalten auch immer Artikel mit Regeln zu organisatorischen Themen.
Dies betrifft etwa Informationspflichten zwischen Mitgliedstaaten und EU-Institutionen, zur Datenverarbeitung sowie Regelungen zu nationalen Zuständigkeiten und Verfahren für bestimmte Bereiche der Verordnung und deren Wirkungsraum.

Der Einfachheit halber fassen wir diese unter die Kategorie „Organisatorisches“.
Diese Regeln finden sich grundsätzlich in den letzten Artikeln einer Verordnung, im Fall der EU-VO 833/2014 beginnend mit Artikel 6. Durch die zahlreichen Ergänzungen dieser Verordnung haben sich allerdings noch einige Embargobestimmungen und Bestimmungen zu Genehmigungen in die letzten Artikel ergeben (Artikel 12b bis 12f).

6. Inkrafttreten und Wirkung

Der letzte Artikel gibt schließlich an, mit welchem Datum die Verordnung in Kraft tritt.
Im Fall der EU-VO 833/2014 geschah dies durch die Veröffentlichung im Amtsblatt der EU mit unmittelbarer Wirkung für alle Mitgliedstaaten.

> *Artikel 14*
>
> Diese Verordnung tritt am Tag nach ihrer Veröffentlichung im *Amtsblatt der Europäischen Union* in Kraft.
>
> Diese Verordnung ist in allen ihren Teilen verbindlich und gilt unmittelbar in jedem Mitgliedstaat.

3.4.2 Wesentliche Bestimmungen der EU-VO 833/2014

Die wesentlichen Bestimmungen zu Handelsverboten (Export, Import oder Gesamthandel) für bestimmte Kategorien von Gütern und Verbote zu speziellen Dienstleistungen oder besonderen Bereichen finden sich unter folgenden Artikeln:

- Art 2/2a/2b – Export Dual-Use-Güter
- Art 3 – Export von Gütern für die Öl- und Gasförderung und Fernleitung (z.B. Rohre)
- Art 3b – Export von Gütern zur Ölraffination und Verflüssigung von Erdgas
- Art 3c - Export von Gütern für die Luft- und Raumfahrt
- Art 3f – Export von Gütern der Schiffsfahrt
- Art 3g – Import von Eisen- und Stahlerzeugnisse
- Art 3h – Export von Luxusgütern
- Art 3i – Import von zahlreichen verschiedenen Gütern, die erhebliche Einnahmen für den russischen Außenhandel bringen. Z.B.: verschiedene Chemikalien, Papiersorten, Haushaltsgeräte, Kohle, ...
- Art 3k – Export von zahlreichen für die Industrie wichtigen Gütern. Z.B.: Kohle, verschiedene Chemikalien und Mineralien, Papiersorten, bestimmte Maschinen, Holzmöbel, ...
- Art 3l – Verbot russischer Spediteure Güter innerhalb der Union zu befördern
- Art 3m – Import von Rohöl und Erdölerzeugnissen (außer über Pipelines)
- Art 3o – Import von Gold
- Art 5/5a – Handel von Wertpapieren von russischen Unternehmen
- Art 5b – Einlagenverbot von über TEUR 100 für russische Staatsangehörige, oder Personen mit Wohnsitz, sowie Unternehmen mit Firmensitz in Russland

- Art 5f – Verkauf bestimmter Wertpapiere an russische Staatsangehörige und Personen und Unternehmen mit Sitz in Russland
- Art 5h – SWIFT-Ausschluss bestimmter russischer Banken
- Art 5i – Verbot von Devisengeschäften
- Art 5n – Verbotene Dienstleistungen an in Russland niedergelassene Unternehmen und Organisationen für die Bereiche
    - Architektur
    - Ingenieurwesen
    - Rechtsberatung
    - IT-Beratung
    - Markt- und Meinungsforschung, Marketing
    - Technische physikalische und chemische Untersuchungen
- Art 5aa – Verbot der Geschäfte jeglicher Art mit russischen Staatsunternehmen und bestimmten gelisteten russischen Unternehmen
- Art 10 – Haftungsfreiheit liegt vor, wenn ohne Wissen und vernünftigen Grund zur Annahme dafür gegen eine Maßnahme dieser Verordnung verstoßen wurde
- Art 12 – Verbot der vorsätzlichen Umgehung der Verbote dieser Verordnung
- Art 12f – Noch unspezifische Exportverbote an Drittländer zwecks Verhinderung von Umgehungsgeschäften. Derzeit sind keine Waren und Länder im dazugehörigen Anhang XXXIII gelistet
- Art 13 – Verpflichtete und Geltungsraum
- Art 14 – Inkrafttreten und unmittelbare Wirkung

3.4.3 Ausnahmen, Genehmigungen, Abwicklungsfenster

Viele Artikel sehen auch Ausnahmen und sonstige Bestimmungen vor, warum ein sanktioniertes Gut doch gehandelt oder ein Geschäft mit einer sanktionierten natürlichen oder juristischen Person dennoch möglich ist. **Ausnahmen** liegen häufig für den Handel mit Lebensmitteln, medizinischen und humanitären Gütern vor. Auch gibt es öfters die Möglichkeit, ausnahmsweise Geschäfte unter bestimmten Bedingungen **behördlich genehmigen** zu lassen, wobei die Bedingungen auch gleich in dem entsprechenden Artikel angeführt werden.

Wenn Güter erstmals sanktioniert werden, werden auch oft **Abwicklungsfenster** eingeführt.

Diese ermöglichen es, das Geschäft noch abzuwickeln, solange der Vertrag vor einem bestimmten Tag abgeschlossen wurde (oft wird hier das Inkrafttretungsdatum der neuen Sanktion herangezogen) und die Lieferung des Gutes bis zu einem weiteren bestimmten Tag erfolgte (oft ein paar Wochen bis Monate nach Inkraftsetzung der neuen Sanktionierung). Es gilt dabei der angeführte Tag noch als möglicher Erfüllungstag. Sollte der Vertragsabschluss oder die Lieferung erst nach dem festgelegten Tag erfolgen, so gelten die Sanktionen für das Geschäft. Eine Abwicklung ist daher dann nur noch beim Vorliegen von Ausnahmen möglich.

Ein Beispiel wäre Artikel 3c, der den Export von im Anhang XI angeführten Gütern der Luft- und Raumfahrtindustrie verbietet.

Da mit den verschiedenen aufeinanderfolgenden Sanktionspaketen auch die Anzahl der sanktionierten Güter im Anhang XI anstieg, wurde dieser in verschiedene Teile (Teil A bis D) unterteilt, welche die jeweils neu hinzugefügten Güter widerspiegeln.

Jeder dieser Teile hat im Artikel 3c in den Absätzen 5 bis 5c ein eigenes Abwicklungsfenster bekommen:

> (5) In Bezug auf die in Anhang XI Teil A aufgeführten Güter gelten die Verbote gemäß den Absätzen 1 und 4 nicht für die Erfüllung – bis zum 28. März 2022 – von Verträgen, die vor dem 26. Februar 2022 geschlossen wurden, oder von für deren Erfüllung erforderlichen akzessorischen Verträgen.
>
> (5a) In Bezug auf die in Anhang XI Teil B aufgeführten Güter gelten die Verbote gemäß den Absätzen 1 und 4 nicht für die Erfüllung – bis zum 6. November 2022 – von Verträgen, die vor dem 7. Oktober 2022 geschlossen wurden, oder von für deren Erfüllung erforderlichen akzessorischen Verträgen.

Sollten Sie daher im Anhang XI Teil B gelistete Güter bis einschließlich dem 06.11.2022 nach Russland exportiert haben, basierend auf einem Vertrag der spätestens zum 07.10.2022 geschlossen wurde, so war dieses Geschäft noch nicht von den Sanktionen betroffen und Sie können jetzt noch den Verkaufspreis aus dem Geschäft erhalten.

Sollte die Lieferung aber erst am 08.10.2022 erfolgt sein, so gelten die Sanktionen bereits und es liegt ein Verstoß vor, falls nicht eine der im Artikel 3c angeführten Ausnahmen gilt. So z.B. eine behördliche Genehmigung nach Absatz 6a, bedingt damit, dass die gelieferten Waren für die Herstellung von Titangütern für die Luftfahrindustrie unbedingt erforderlich sind und keine alternative Bezugsquelle zur Verfügung steht:

> (6a) Abweichend von den Absätzen 1 und 4 können die zuständigen Behörden unter ihnen geeignet erscheinenden Bedingungen den Verkauf, die Lieferung, die Verbringung oder die Ausfuhr der in Anhang XI Teil B aufgeführten Güter oder damit verbundene technische Hilfe, Vermittlungsdienste, Finanzmittel oder Finanzhilfen genehmigen, nachdem sie festgestellt haben, dass dies für die Herstellung von Titangütern erforderlich ist, die in der Luftfahrtindustrie benötigt werden und für die keine alternative Bezugsquelle zur Verfügung steht.

3.4.4 Kontingente, Schwellenwerte und explizite Güter

Verschiedene Sanktionsmaßnahmen greifen nur dann, nachdem entweder ein in der Verordnung festgelegtes Kontingent oder ein bestimmter Schwellenwert (z.B. Stückpreis) überschritten wird, oder wenn das gehandelte Gut bestimmte explizit angeführte Voraussetzungen (z.B. Inhaltsstoffe oder einen bestimmten Verwendungszweck) erfüllt.

Ein Beispiel für ein **Kontingent** findet sich in Artikel 3i. Dieser verbietet den Kauf und/oder Import von den im Anhang XXI angeführten Waren, da Russland mit dem Verkauf dieser Waren erhebliche Einnahmen erzielt. Unter den gelisteten Gütern befinden sich auch die Warengruppe für Kohlenstoff mit der Zolltarifnummer 2803 und die Warengruppe für synthetischen Kautschuk (4002).
Absatz 3da ermöglicht aber dennoch den Import dieser Güter bis einschließlich 30.06.2024, solange die dort angeführten Kontingente eingehalten werden:

> (3da) Die Verbote gemäß den Absätzen 1 und 2 gelten bis zum 30. Juni 2024 nicht für die Einfuhr, den Kauf oder die Beförderung der folgenden Mengen von Gütern oder damit verbundene technische oder finanzielle Hilfe, die für die Einfuhr in die Union erforderlich ist:
>
> a) 752 475 Tonnen von Gütern des KN-Codes 2803,
>
> b) 562 973 Tonnen von Gütern des KN-Codes 4002

Schwellenwerte und **Güter mit „ex“-Auflistung** (von uns als explizite Güter bezeichnet) finden sich u.a. im Artikel 3h und dem dazugehörenden Anhang XVIII.
Dieser Artikel verbietet den Export von im Anhang XVIII angeführten Luxusgütern nach Russland. Die Verbote gelten allerdings erst ab einen **Stückpreis von über EUR 300**, falls nicht im Anhang eigene vom Stückpreis abhängige Schwellenwerte festgelegt werden.

So gilt das Exportverbot für die im Anhang XVIII angeführten Elektrogeräte erst bei einem Stückpreis von über EUR 1.000.

Dieser Anhang ist auch deswegen außergewöhnlich, weil jede einzelne der angeführten Waren mit einem **„ex"** versehen wurden:

3. Trüffel und Zubereitungen daraus

ex	0709 56 00	Trüffel
ex	0710 80 69	Andere
ex	0711 59 00	Andere
ex	0712 39 00	Andere
ex	2001 90 97	Andere
ex	2003 90 10	Trüffel
ex	2103 90 90	Andere
ex	2104 10 00	Zubereitungen zum Herstellen von Suppen oder Brühen; Suppen und Brühen

Die Zolltarifnummer 2104 10 00 gilt für Suppen, Brühen und zu deren Herstellung gedachte Fertigmischungen. Bedeutend hier ist aber das vorweg angeführte „ex".
Denn dieses bezieht sich auf die Überschrift „Trüffel und Zubereitungen daraus". Es sind daher nur dann Suppen für den Export nach Russland sanktioniert, wenn diese **explizit** Trüffel enthalten.

Wenn dies nicht der Fall ist, können Sie Suppen auch weiterhin nach Russland verkaufen, da es für die Warengruppe 2104 oder für Spezifikationen von dieser ansonsten keine Sanktionen gibt.

3.5 Die effiziente Warenprüfung

Mit dem Hintergrundwissen der vorherigen Punkte ausgestattet und der/dem richtigen Zolltarifnummer/Warencode zur Hand, kann unserer Ansicht nach die effizienteste Prüfung über die Sanktionenverordnung selbst dafür erfolgen, ob

- die zum Handel beabsichtigten Waren sanktioniert sind,
- die Sanktionen die gesamte Warengruppe oder nur einzelne Spezifikationen betreffen,
- es sich um Import, Export und/oder Durchfuhrverbote handelt,
- es sich um explizite Güter handelt,
- Ausnahmen, Abwicklungsfenster oder Genehmigungsmöglichkeiten vorliegen.

Öffnen Sie die Sanktionenverordnung wie unter Punkt 3.4 beschrieben, stellen Sie sicher, dass Sie die aktuellste Fassung (auch „konsolidierte Fassung", in der alle Änderungen ersichtlich sind) angezeigt bekommen, und wählen Sie Ihre gewünschte Sprache und PDF- oder HTML-Format.
Sobald sie das Dokument geöffnet haben, aktivieren Sie die **„SUCHFUNKTION"** durch das gleichzeitige Drücken der **Tasten [Strg] und [F]** auf ihrer Tastatur. Es wird sich nun ein kleines Eingabefeld öffnen, in welchem Sie einen beliebigen Suchbegriff oder eine Zahl eingeben können. Das Dokument wird dann auf Übereinstimmungen untersucht und es wird Ihnen die Anzahl der Treffer angezeigt.

Geben Sie in das **Eingabefeld die Zolltarifnummer** ein. Verwenden Sie das in der Verordnung genutzte **Format XXXX XX XX,** um sicher Treffer zu erhalten.
Sollten Sie die Ziffern (XXXXXXXX) zusammenschreiben, werden Sie keinen Treffer erhalten!
Wir empfehlen mit dem gesamten Code für Ihre Spezifikation zu beginnen, um zu sehen, ob es eigens für die Spezifikation Sanktionen gibt.

Löschen Sie dann immer zwei Ziffern, um übergeordnete Spezifikationen auf Sanktionen zu überprüfen. Gehen Sie so vor, bis nur noch die ersten vier Ziffern für die übergeordnete Warengruppe vorhanden sind (XXXX). Die Treffer werden Sie in den **Anhängen** der Verordnung angezeigt bekommen, da in diesen die sanktionierten Waren und ihre Zolltarifnummern aufgelistet werden.

Sie werden eines der folgenden Ergebnisse bekommen:

A. **Ein oder mehrere Treffer für Ihre Spezifikation**
B. **Kein Treffer für Ihre Spezifikation, aber ein oder mehrere Treffer für eine übergeordnete Spezifikation oder die gesamte Warengruppe**
C. **Kein Treffer für Ihre Spezifikation, übergeordnete Spezifikationen oder die gesamte Warengruppe**

Im Fall von A stellt sich nun die Frage, ob es sich um Import- oder Exportembargos (oder sogar beides) handelt. Sehen Sie dazu den Artikel in der Verordnung an, auf den sich der Anhang bezieht.

Falls für Ihre zu importierende Ware ein Importverbot oder für die zu exportierende Ware ein Exportverbot vorliegt, prüfen Sie, ob Ihre Spezifikation im Anhang mit „ex“ gelistet wird und ob Ihre Ware wirklich die für die Sanktionierung explizit angeforderten Voraussetzungen erfüllt.
Falls die Ware unter die „ex“-Anforderungen fällt oder keine „ex“-Anforderungen vorliegen (womit ein allgemeines Verbot für diese Ware gilt), so fällt die Ware mit dieser Spezifikation grundsätzlich unter die Sanktionen. Jetzt stellt sich die Frage, ob es Ausnahmen, Genehmigungsmöglichkeiten oder noch offene Abwicklungsfenster gibt oder ob die Sanktionierung nur mit Überschreitung eines bestimmten Kontingents oder Schwellenwertes (z.B. Warenstückpreis) eintritt. Lesen Sie dazu aufmerksam den gesamten Artikel durch. Falls nichts davon für Ihre Ware zutrifft, ist **diese sanktioniert.**

Im Fall von B ist zwar die von Ihnen gehandelte Spezifikation selbst nicht sanktioniert, aber eine übergeordnete Spezifikation oder sogar die gesamte Warengruppe. In einem solchen Fall ist auch jede untergeordnete Spezifikation sanktioniert. Die Prüfung bleibt grundsätzlich dieselbe wie im Fall von A. Allerdings auf die übergeordnete Spezifikation bzw. Warengruppe bezogen.

Im Fall von C… Gratulation! Ihre Ware, weder als einzelne Spezifikation noch als Teil einer Warengruppe, ist nicht von den Sanktionen der geprüften Verordnung betroffen.

Verständnisschwierigkeiten und Auslegungsfragen
Auch als Jurist können sich bei der Arbeit mit den Sanktionenverordnungen schnell Verständnisschwierigkeiten und Auslegungsfragen ergeben.
In einem solchen Fall empfehlen wir:

- Lesen Sie die verordnungseigenen Definitionen (gilt für jede VO)
- Lesen Sie dieselben Artikel und Definitionen in einer anderen Sprache (bspw. Englisch)
- Lesen Sie in den FAQ der EU-Kommission (nur auf Englisch). In diesem werden zahlreiche Fragen zur EU-VO 833/2014 beantwortet
- Lesen Sie die EU Letters of Conduct (diese sind jedoch nicht rechtsverbindlich)
- Ersuchen Sie im Zweifel um Auskunft bei Interessensvertretern und den zuständigen Behörden

3.6 Dual-Use-Güter

Dual-Use-Güter sind **körperliche Waren, Software oder Technologie** mit einem **doppeltem Verwendungszweck**, da sie sowohl für **zivile als auch militärische Zwecke verwendet werden können** und deswegen **besonderen Genehmigungspflichten** für die Ausfuhr unterliegen.

Sie werden grundsätzlich in der **EU-Dual-Use-Verordnung 2021/821** in ihren Anhängen angeführt. Allerdings gibt es auch eine sogenannte **„catch all"-Klausel** nach Artikel 4 der EU-VO 2021/821.

Demnach kann es sich auch bei nicht gelisteten Gütern um Dual-Use-Güter handeln, welche zu genehmigen sind, falls diese dazu (zumindest teilweise) bestimmt sind oder bestimmt sein könnten:

1. zur Endverwendung oder im Zusammenhang von ABC-Waffen oder Flugkörpern für ABC-Waffen,
2. zur militärischen Endverwendung in einem Bestimmungsland mit Waffenembargos,
3. als Bestandteile von militärischen Gütern und diese ohne eine Genehmigung oder unter Verstoß einer Genehmigung ausgeführt werden.

Dual-Use-Güter müssen vom **Exporteur** bei den Behörden **gemeldet** werden und er muss eine **Genehmigung** für die Ausfuhr einholen. Für manche Güter ist für einige Länder allerdings **keine Genehmigung möglich**. So z.B. kryptografische Software für Israel.

Die Güter und bestimmte Ländervorschriften werden in den Anhängen der Verordnung aufgeführt (wie auch Musterformulare für die Genehmigungsanträge).

Die Überprüfung, ob ausfuhrgenehmigungspflichtige Dual-Use-Güter vorliegen, ist **unabhängig von der Sanktionenprüfung** durchzuführen, wenn auch einige EU-Sanktionenverordnungen explizit den Export, oder bereits die Durchfuhr, von Dual-Use-Gütern durch das sanktionierte Land untersagen. So etwa in Artikel 2 der EU-VO 833/2014.

Die Dual-Use-Güter besitzen ihre **eigene Kategorisierung**, weswegen deren Codes von den Zolltarifnummern abweichen.

Es gibt eine eigene **Umrechnungstabelle**[20], welche die Waren nach ihren Zolltarifnummern in Dual-Use-Güterkategorien einteilt. Filtern Sie die Spalte mit den TARIC-Codes in der Exceltabelle einfach nach ihrem Zolltarifcode, um zu sehen, ob es einen Treffer gibt. Auch über die Online-Abfrage der Zolltarifnummer über ezt-online, zolltarinummern.de (hier auch nach Warenname) oder die TARIC-Database-Abfrage der EU-Kommission werden Treffer für Dual-Use-Güter angezeigt (jedoch nicht unbedingt der Code). Ein Treffer muss allerdings noch nicht zwingend bedeuten, dass es sich tatsächlich um ein Dual-Use-Gut handelt. Denn diese werden in der EU-VO 2021/821 genauestens durch eine detaillierte Beschreibung **spezifiziert**. Nur wenn die Güter diese Beschreibung erfüllen, sind sie ein Dual-Use-Gut.

---

[20] Siehe Anhang IV im Buch für nützliche Webseiten.

<u>Beispiel:</u>
Drucker mit Netzwerkanschluss (TARIC 8443 32 10)

Wenn sie die Umrechnungstabelle nach der Zolltarifnummer 84433210 in der Spalte A1 „CN Codes“ filtern, erhalten Sie den Dual-Use-Code 9A116d in Spalte C:

	A	B	C
2973	8443321000	DU635	9A116d

Wenn Sie die Dual-Use-Güter-Verordnung nun mit der Suchfunktion (die Tasten [Strg] und [F] gleichzeitig drücken) mit dem Code 9A116d durchsuchen, gelangen Sie zum Punkt 9D104 b **„Software“**, besonders entwickelt oder geändert für den Betrieb oder die Wartung von Subsystemen oder Ausrüstung gemäß 9A008d, 9A106c, 9A108c oder 9A116d.

9D104„Software“ wie folgt:

a. „Software“, besonders entwickelt oder geändert für die „Verwendung“ von Ausrüstung, erfasst von Nummer bzw. Unternummer 9A001, 9A005, 9A006d, 9A006g, 9A007a, 9A009a, 9A010d, 9A011, 9A101, 9A102, 9A105, 9A106d, 9A107, 9A109, 9A111, 9A115a, 9A117 oder 9A118.

b. „Software“ besonders entwickelt oder geändert für den Betrieb oder die Wartung von Subsystemen oder Ausrüstung gemäß 9A008d, 9A106c, 9A108c oder 9A116d.

Nicht der Drucker, sondern die Software zum Betrieb oder Wartung des Druckers ist daher das Dual-Use-Gut.

Ob die Ware tatsächlich ein Dual-Use-Gut ist oder nicht, bedarf idR technischer Expertise, weswegen hier wieder die Kommunikation mit dem Produzenten oder unternehmenseigenen technischen Experten notwendig ist.

3.7 Die Rolle der Banken

Exportierende Unternehmen müssen sich im Rahmen ihrer ordentlichen Geschäfte an diverse Regularien und Bestimmungen bezüglich des internationalen Warenverkehrs und der Sanktionsbestimmungen halten. Gleiches gilt für Banken. Diese müssen nicht nur die Finanzsanktionen, sondern auch die sektoralen Sanktionen im Warengüterverkehr beachten, um sich nicht an einem Verstoß bzw. einer Umgehung zu beteiligen.

Im Speziellen bedeutet dies, dass Banken neben dem Namensscreening von den beteiligten Parteien und Korrespondenzbanken im Zahlungsverkehr auch die Einhaltung von sanktionsrechtlichen und außenwirtschaftsrechtlichen Bestimmungen im grenzüberschreitenden Handel mit Waren und Dienstleistungen überprüfen müssen.

Grundsätzlich liegt die Einhaltung der entsprechenden Regularien im internationalen Handel primär bei demjenigen der diesen Handel betreibt. Dennoch darf die Bank nicht einfach darauf vertrauen, dass ihre Kunden dieser Prüfpflicht nachgekommen sind, sondern muss sich selbst davon überzeugen, dass die Abwicklung von Transaktionen des internationalen Handels und/oder mit sanktionierten Ländern und/oder gelisteten natürlichen oder juristischen Personen den geltenden Vorschriften und Bestimmungen entspricht und nicht ein Umgehungsgeschäft oder ein verbotenes Geschäft darstellt.

Der Fokus liegt dabei grundsätzlich auf dem Zahlungsverkehr außerhalb des europäischen Wirtschaftsraumes in sogenannten Drittstaaten und auf Überweisungen in Fremdwährungen.

Banken überwachen daher den Auslandszahlungsverkehr (SWIFT) zumeist in Echtzeit und verifizieren die Transaktionen anhand von der Bank gesetzten Prüfregeln.

Diese werden durch jede Bank individuell gesetzt und basieren grundsätzlich auf ihrer internen Geschäftspolitik und dem eigenen Risikoappetit im Sanktionenmanagement.

Bei Auffälligkeiten erfolgt zumeist eine manuelle Überprüfung. Das ist der Zeitpunkt, wann der Bankkunde dann als Zahlungsempfänger oder Zahlungsabsender aufgefordert wird, Unterlagen wie Rechnungen, Verträge und Zollunterlagen für die betreffende Transaktion bereitzustellen. Dies dient der Verifizierung und Plausibilisierung der Transaktion und des zugrunde liegenden Geschäfts, um dann entscheiden zu können, ob diese Transaktion von Seiten der Bank begleitet und freigegeben werden kann.

Die Durchführung einer elektronischen Überweisung dauert in der Regel einen Bankgeschäftstag ab Eingang des Auftrags. Papier-Überweisungen benötigen hingegen zwei Bankgeschäftstage. Es ist jedoch möglich, dass Ihre Bank in den Allgemeinen Geschäftsbedingungen festlegt, bis zu welcher Uhrzeit Überweisungen eingehen müssen, um diese Frist einhalten zu können. Diese Frist gilt für Zahlungen in Euro und innerhalb der europäischen Mitgliedstaaten.[21]

Außerhalb des einheitlichen europäischen Zahlungsverkehrsraums (SEPA) gibt es keine festen Vorgaben bezüglich der Dauer der Überweisungsdurchführung.

Insbesondere beim Überweisen in sanktionskritische Länder oder/und Fremdwährungen kann eine längere Zeitdauer erforderlich sein.
Es ist durchaus möglich, dass Gelder bis zu 10 bis 14 Tage unterwegs sind, bevor sie auf das Gegenkonto übertragen werden. Dies ist allerdings auch abhängig davon welche und wie viele Korrespondenzbanken im Rahmen der Transaktionskette eingesetzt werden müssen, um die Überweisung durchzuführen.

---

[21] Österreichische Finanzmarktaufsicht, *Konto – Was Sie über Überweisungen und Gebühren wissen sollten!*.

Alle Banken unterliegen den gleichen Sorgfalts- und Prüfpflichten, daher ist es auch im Handlungs- und Risikoermessen jeder Bank, wie lange eine Transaktionsüberprüfung dauert. Dies kann mitunter auch bedeuten, dass Überweisungen wieder zurück zum Zahlungsauftraggeber von einer Korrespondenz verwiesen werden können.

Der Hintergrund für die Überprüfung der Banken liegt darin, dass nicht nur der transaktionsdurchführende Kunde bei einem verbotenen Geschäft bestraft wird, sondern auch die Bank als Mittäter diverse nationale und internationale Strafen erhalten kann. Dies kann bis hin zum Verlust der Erlaubnis für Fremdwährungsgeschäfte und der Listung auf verschiedenen Blacklists führen. Infolgedessen kann auch die Geschäftsfähigkeit der Bank in Frage gestellt werden.

3.8 Fazit der Prüfschritte

Zuallererst empfehlen wir zu klären, ob durch das Unternehmen, die produzierte/gehandelte Ware oder durch das Geschäft selbst (etwa durch den Geschäftspartner oder durch die Leistung des Kaufpreises in einer bestimmten Währung) ein **Bezug zu einem Land mit exterritorial wirkenden Sanktionen**, wie den USA, besteht. Details dazu im Kapitel 4.

Die weiteren Prüfschritte sind:

A. **KYC und KYCC**
Informieren Sie sich über Ihren Geschäftspartner und dessen Geschäftstätigkeit. Insbesondere, ob ein Bezug zu sanktionierten Personen und Unternehmen (z.B. Gesellschafter oder Muttergesellschaft), sanktionierten Ländern oder typischen Umgehungsländern besteht. Dokumentieren Sie Ihre Erkenntnisse, um in Falle einer Prüfung, diese der Aufsicht plausibel darlegen zu können und um plötzliche Abweichungen zu erkennen. Zumindest **risikobezogen** (etwa beim Vorliegen von Hinweisen auf ein Umgehungsgeschäft) sollten auch die Geschäftspartner Ihres Geschäftspartners geprüft werden.

B. **Screening aller Beteiligten** (inkl. Schiffe, Spediteure)
Es folgt die Prüfung des Geschäftspartners, dessen Geschäftstätigkeiten und risikobasiert von dessen Kunden und Geschäftspartnern, sowie die Listenabfrage (Screening der Sanktionenlisten) aller Beteiligten.
Dies schließt auch Spediteure und sonstige am Geschäft beteiligte und ihnen bekannt gewordene Dritte ein. Sogar Schiffe sollten überprüft werden, da auch einzelne Schiffe sanktioniert sein können!

C. Prüfung der Sanktionen und Embargos

Informieren Sie sich über etwaige Sanktionen gegen das Drittland, in welchem die Ware ursprünglich **produziert** wurde, **importiert/exportiert/transferiert** wird und die Ware ihren **Endverbleib** hat. Beachten Sie die Russland-Sanktionen, falls Sie eine **Dienstleistung** gegenüber russischen Unternehmen erbringen. Beachten Sie auch die entsprechenden Sanktionen, falls Sie sich russischer oder belarussischer (Sub-)**Spediteure** bedienen.

Wir empfehlen die **Listenabfrage** über Drittanbieter, die **Überprüfung der Zolltarifnummern** anhand der Online-Tools und die direkte Arbeit mit den entsprechenden **EU-Sanktionenverordnungen.**

Bei **Auslegungsfragen** empfehlen wir die

- FAQ der EU-Kommission (nur für VO 833/2014), oder

Anfragen an

- die national zuständigen Behörden
- Wirtschaftsinteressensverbände
- Außenhandelsdelegierte

D. Endverbleib und Umgehungsgeschäfte

Setzen Sie entsprechende Maßnahmen, um den Endverbleib / die Endverwendung der Ware sicherzustellen. Prüfen Sie, ob es Hinweise auf etwaige Sanktionsumgehungen gibt.

Falls entsprechende Hinweise vorliegen, setzten Sie weitere Maßnahmen oder treten Sie von dem Geschäft zurück.

E. Dual-Use-Güter

Unabhängig von der Sanktionenprüfung sollte auch immer überprüft werden, ob es sich bei den gehandelten Waren um Dual-Use-Güter handelt und ob für diese länderbezogene Beschränkungen gelten oder Genehmigung einzuholen sind.

F. Rolle der Banken

Behalten Sie auch die Banken und deren Prüfpflichten und Bedeutung für die Zahlungsabwicklung im Hinterkopf.

Ihre Geschäftsbank kann sich wegen Unterlagen und Nachweisen zur Sanktionsfreiheit des Geschäftes an Sie wenden und viele Banken sind in ihrer Geschäftspolitik strenger als das Gesetz und begleiten zum Beispiel keine Geschäfte mit Bezug zu bestimmten Ländern oder wickeln keine Transaktionen dazu ab. Bedenken Sie auch, dass im Falle einer EU-Auslandstransaktion oft noch weitere Banken dazwischen geschaltet sind, bevor das Geld tatsächlich am Empfängerkonto aufscheint. Diese Clearerbanken müssen wieder ihre eigene Prüfung durchführen, weswegen mit einer zeitlichen Verzögerung der Zahlungsabwicklung zu rechnen ist. Auch könnten diese Clearerbanken aufgrund ihrer eigenen Geschäftspolitik die Transaktion ablehnen.

4. Internationale Sanktionenregime

Warum sollte ich als deutscher oder österreichischer Unternehmer überhaupt daran denken, internationale Sanktionsregime, wie US-Sanktionsvorschriften oder UK-Maßnahmen, zu beachten? Der Blick über den geografischen Tellerrand sollte dann auf jeden Fall Beachtung finden, sobald eine Geschäftstätigkeit im internationalen Markt stattfindet oder Fremdwährungen in der Transaktionsabwicklung benutzt werden.

Internationale Handels- und Sanktionsregelungen sind komplex, und die Kosten für ihre Einhaltung sind hoch. Die Regeln variieren von einem Regime zum anderen und die sich ständig verändernde politische Landschaft schafft noch mehr Herausforderungen für den Schutz Ihres Unternehmens.

Die Risiken eines Verstoßes gegen Sanktionen können schwerwiegend auf nationaler wie auch internationaler Ebene sein, aber Unternehmen, die sich ihrer wichtigsten Risiken diesbezüglich bewusst sind, können sich einen entscheidenden Vorteil verschaffen. Aus diesem Grund sollen die Kapitel 4.1. und 4.2 als ein hilfreicher, praktischer Überblick dienen, um sich im verwirrenden Spektrum der US- bzw- UK-Sanktionsgesetze besser zurechtzufinden. Dies können Sie, indem sie potenzielle Risikofaktoren und deren Einfluss auf Ihr Geschäft verstehen.

4.1. United States of America

Die USA setzen Wirtschaftssanktionen weiterhin als **wichtiges außenpolitisches Instrument** ein.
Die US-Sanktionsgesetze und -verordnungen sind zunehmend komplexer geworden und können sich als Reaktion auf das Weltgeschehen und die sich entwickelnden nationalen Sicherheitsinteressen mit wenigen oder gar keinen Vorwarnungen ändern.

Angesichts der anhaltenden raschen Veränderungen in der Sanktionslandschaft so auch in den USA ist es für Unternehmen – sowohl US-amerikanische als auch nicht-amerikanische – heute wichtiger denn je, die verschiedenen Arten von US-Sanktionen und ihre potenziellen Auswirkungen auf die **globale Geschäftsrisiken** zu verstehen und sich über die wichtigsten Entwicklungen auf dem Laufenden zu halten, um ihr Unternehmen auf neu entstehende US-Sanktionsrisiken und Compliance-Herausforderungen vorbereiten zu können.

Die Vereinigten Staaten haben Sanktionen gegen eine Reihe von Ländern, Organisationen und Einzelpersonen auf der ganzen Welt verhängt.
Diese Sanktionsgesetze und -vorschriften werden in erster Linie vom **US-Finanzministerium**, dem **Office of Foreign Assets Control** (OFAC), und in gewissem Umfang auch vom **US-Außenministerium** verwaltet.

4.1.1 Sanktionsarten

Im Allgemeinen enthält jedes US-Sanktionsprogramm unterschiedliche Bestimmungen und Verbote, die in umfassende landesweite Sanktionen und gezieltere, hauptsächlich listenbasierte, Sanktionen unterteilt werden können.

Derzeit bestehen US-seitige umfangreiche Sanktionen gegen Kuba, Iran, Nordkorea, Syrien, Russland sowie die ukrainischen Gebiete Krim sowie Donezker und Luhansker Volksrepublik (DNR und LNR) und Venezuela.

Die USA setzen auch Sanktionen ein, die sich auf bestimmte Personen oder Aktivitäten konzentrieren. Hierzu gehören zum Beispiel alle Transaktionen, an denen Personen beteiligt sind, die auf der **SDN-Liste** des OFAC aufgeführt sind, bestimmte Arten von Transaktionen, an denen Personen beteiligt sind, die auf der SSI-Liste (Sectoral Sanctions Identifications) des OFAC aufgeführt sind.

Bei den US-Sanktionen kann es sich um **primäre** oder **sekundäre** Sanktionen handeln.

A. Primäre Sanktionen

Primäre Sanktionen, wie z.B. das Einfrieren von Vermögenswerten und Handelsembargos, verbieten im Allgemeinen Transaktionen von Personen im sanktionierenden Land mit sanktionierten Ländern oder Personen.

Bei den Sanktionsgesetzen wird bis auf eine Ausnahme (§560.205 Iranian Transactions and Sanctions Regulations) der US-Nexus nur durch die Beteiligung einer US-Person (und dadurch auch USD-Transaktion) begründet.

Bei den Exportkontrollvorschriften kommt neben dem Anknüpfungspunkt „US-Person“ noch der Anknüpfungspunkt „US Gut“ bzw. „US-Güteranteil“

Die primären Sanktionen der USA gelten im Allgemeinen für

(1) **alle** in den USA **ansässigen Organisationen**,
(2) **US-Bürger** und Personen mit **ständigem Wohnsitz** in den USA (unabhängig von ihrem Aufenthaltsort) und
(3) **alle Personen**, die sich **physisch in den USA aufhalten**, unabhängig von ihrer Staatsangehörigkeit (zusammen als "US-Personen" bezeichnet).

Im Fall von Iran und Kuba gelten die primären Sanktionen auch für Nicht-US-Einrichtungen, die sich im Besitz oder unter der Kontrolle von US-Personen befinden.

Darüber hinaus können Nicht-US-Personen haftbar gemacht werden für

(1) Handlungen **innerhalb** der USA,
(2) **Anstiftung**, **Beihilfe** oder **Verschwörung** mit US-Personen zur Verletzung von Sanktionen oder
(3) Aktivitäten, die **in den USA stattfinden** (z.B. Abwicklung von Transaktionen mit sanktionierten Ländern über das US-Finanzsystem).
(4) Falls ein **US-Nexus** (US-Bezug) besteht.

- Ein **US-Nexus** ist immer dann gegeben, wenn ein Geschäft, eine Transaktion etc. einen **Bezug zum Rechtsraum der USA** aufweist.
- Sobald ein US-Nexus besteht, sind **US-Sanktionen** und sonstige Ausfuhrbestimmungen **direkt** und **unmittelbar** anwendbar.
- Ein US-Nexus wird begründet durch die Beteiligung einer **„US-Person“**
  - dazu zählen auch **USD-Transaktionen** oder
  - in **USA gehostete Software**
  - sowie durch **Güter,** die ihren Ursprung in den USA haben bzw. einen US-Güteranteil besitzen

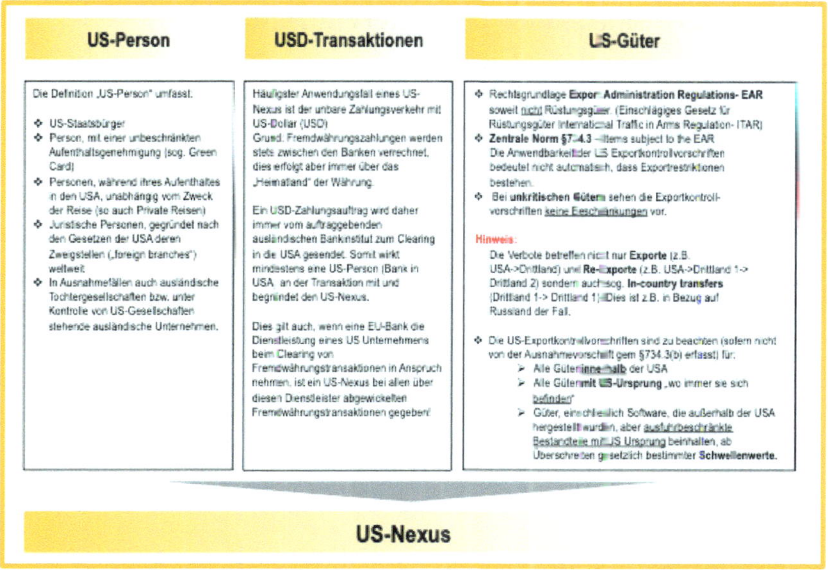

Schwellwerte gem. §734.3 EAR[22] – De minimis Rule

Jeder US-Güteranteil (d.h. kein Schwellenwert, gilt nur für besonders sensitive und im Gesetz beschriebene Gütern)

- Mit 25% US Güteranteil
- Mit 10% US-Güteranteil (Kuba, Iran, Nordkorea, Syrien)

Berechnungsformel:
Die Berechnung erfolgt auf Grundlage des „Fair Market Value" (FMV). Individuelle Sonderpreise dürfen nicht berücksichtigt werden!

Verkaufspreis 1000 USD÷ Wert US-Güteranteil (300 USD) =0,33

US-Güteranteil = 33%

[22] Bureau of Industry and Security, Department of Commerce, Titel 15, CFR 734.3.

B. Sekundäre Sanktionen (Extraterritorialität)

Die USA wenden als führender Staat die Extraterritorialität ihres Sanktionsregimes an. Dazu gehören auch die sogenannten Sekundärsanktionen, die von den US-Ermittlungsbehörden verhängt werden können, ohne dass eine Verbindung zu den USA bestehen muss, und die sich gegen nicht in den USA ansässige Personen richten, die direkt oder indirekt an bedeutenden Transaktionen mit sanktionierten Ländern wie Russland, Iran, Nordkorea, Hongkong und Syrien beteiligt sind.

Extraterritoriale Gerichtsbarkeit oder „Exterritorialität" ist die Fähigkeit eines Staates, Gesetze, Vorschriften und andere Verhaltensregeln in Bezug auf Personen, Eigentum oder Aktivitäten außerhalb seines Hoheitsgebiets zu erlassen, anzuwenden und durchzusetzen.

Diese Sanktionen sollen Nicht-US-Personen davon abhalten, bestimmte Transaktionen durchzuführen, die den nationalen Sicherheits- und außenpolitischen Interessen der USA zuwiderlaufen, indem sie ihren Zugang zu US-Märkten beschränken.

Im Gegensatz zu primären Sanktionen, deren Verletzung zivil- und strafrechtliche Sanktionen nach sich ziehen kann, können sekundäre Sanktionen den **Zugang zum US-Finanzsystem und zum US-Markt einschränken oder sogar zum Ausschluss führen**.

Neben den Einschränkungen, die durch sekundäre Sanktionen auferlegt werden, können auch andere US-Sanktionsgesetze die Aktivitäten von Nicht-US-Personen einschränken.
Es ist daher angebracht, sich über die geltenden Sanktionen zu informieren, um mögliche Einschränkungen bei Geschäftstätigkeiten zu vermeiden.

Jede Person, einschließlich Nicht-US-Personen, kann beispielsweise **selbst Gegenstand einer Benennung und Blockierung** sein, wenn sie materielle Unterstützung für Personen leistet, die gemäß bestimmten US-Sanktionsbehörden benannt oder in bestimmten Fällen blockiert werden.

Viele Exekutivanordnungen (Executive Orders (EO)), wie beispielsweise EO 13936, EO 13902 und EO 13884, ermöglichen ausdrücklich solche Ausweisungen. Die gesetzlichen Befugnisse für derartige Bestimmungen, umfassen den International Emergency Economic Powers Act[23] sowie Gesetze wie den Support for the Sovereignty, Integrity, Democracy, and Economic Stability of Ukraine Act of 2014[24], den Iran Threat Reduction and Syria Human Rights Act of 2012[25] und den North Korea Sanctions and Policy Enhancement Act of 2016[26].

Das Risiko, auf die OFAC-Liste der „Specially Designated Nationals and Blocked Persons" (SDNs) gesetzt zu werden, kann für Nicht-US-Parteien, die Transaktionen mit bestimmten Unternehmen oder Personen in Betracht ziehen, ein **bedeutendes Problem** darstellen.
Obwohl solche Benennungen in der Vergangenheit eher selten vorkamen, ist die OFAC in den letzten Jahren vermehrt bereit, derartige Benennungen vorzunehmen.

Beachten Sie, dass sekundäre Sanktionen und SDN-Benennungen oft gegen Einrichtungen außerhalb der direkt sanktionierten Länder verhängt werden.

---

23 United States Code, Chapter 50 – War and National Defense, 50 U.S.C. §§ 1701-02 (2011).

24 United States Code, Chapter 22 - Foreign Relations and Intercourse,22 U.S.C. § 8910(a)(2).

25 United States Code, Chapter 22 - Foreign Relations and Intercourse, 22 U.S.C.§8742(a)(1)(A).

26 United States Code, Chapter 22 - Foreign Relations and Intercourse, 22 U.S.C. § 9214(b)(1)(C).

4.1.2. Folgen bei Nichtbeachtung der US-Sanktionen

Im Allgemeinen ist es rechtswidrig für jede Person, einschließlich Nicht-US-Personen, an Handlungen teilzunehmen, die andere dazu „veranlassen“, gegen US-Sanktionen zu verstoßen, auch wenn sie im Ausland stattfinden. Auch wenn keine US-Personen an einer Transaktion in einem sanktionierten Land beteiligt sind, kann diese dennoch gegen US-Sanktionen verstoßen, wenn sie Zahlungen beinhaltet, die über das US-Finanzsystem oder ein US-Finanzinstitut abgewickelt werden. Solche Transaktionen würden US-Personen wie Banken dazu veranlassen, gegen US-Sanktionen zu verstoßen. Außerdem ist es für jede Person, auch für eine Nicht-US-Person, unrechtmäßig, Transaktionen durchzuführen, die das Ziel oder die Wirkung haben, US-Sanktionen zu umgehen.

Die US-Sanktionsprogramme untersagen ausdrücklich die „**Unterstützung** (Facilitation)“ von Transaktionen Dritter, die unter US-Sanktionen verboten wären, wenn sie von einer US-Person durchgeführt würden. Der Begriff **„Unterstützung“** wird der OFAC **sehr weit ausgelegt**.

Unterstützung umfasst <u>alle</u> Fälle, in denen eine US-Person einer Nicht-US-Person bei Transaktionen **„hilft“** oder diese **„unterstützt“**, die **<u>direkt oder indirekt mit umfassend sanktionierten Ländern oder Parteien zu tun haben:</u>**

- US-Personen dürfen somit nicht an geschäftlichen und rechtlichen Planungen, Entscheidungen, Genehmigungen, Entwürfen, Bestellungen, Transporten von Waren oder der Bereitstellung von Finanz- oder Versicherungshilfen im Zusammenhang mit Geschäften mit sanktionierten Ländern beteiligt sein, es sei denn, es wird deutlich als subjektive Bewertung gekennzeichnet.

- US-Personen dürfen die Bedingungen einer Transaktion oder Geschäftsdokumente generell nicht genehmigen, überprüfen oder kommentieren, nicht an Verhandlungen teilnehmen und auch die nicht amerikanische Einrichtung oder Person nicht anderweitig bei der Planung oder Durchführung einer Transaktion unterstützen.

- Im Allgemeinen ist es US-Personen auch nicht gestattet, ihre eigenen Richtlinien oder Verfahren oder die ihrer Nicht-US-Personen-Tochtergesellschaften (nachträglich) zu ändern, um Transaktionen mit sanktionierten Ländern zu erleichtern oder um es Nicht-US-Personen-Tochtergesellschaften zu ermöglichen, eine bestimmte Transaktion anzunehmen oder durchzuführen, wenn diese Art von Transaktion zuvor die Zustimmung von US-Personen erforderte.

- Es ist US-Personen nicht gestattet, Geschäftsmöglichkeiten weiterzuleiten, an denen sanktionierte Länder, Einrichtungen oder Personen beteiligt sind, wenn die Nicht-US-Einrichtungen oder Einzelpersonen nicht direkt gemäß den US-Sanktionsvorschriften darauf reagieren dürften. Wenn eine Person aus den USA eine Anfrage erhält, die ein Geschäft mit einem sanktionierten Land betrifft, sollte diese Person die Anfrage nicht weiterleiten und ablehnen. Es ist nicht gestattet, die Anfrage an eine Nicht-US-Person oder Einrichtung weiterzugeben.

Ein wesentlicher Unterschied zwischen den Regelungen zum **Sanktions-listen-Screening** nach dem **Recht der Europäischen Union** und **nach dem Recht der USA** besteht darin, dass die **Rechtsfolgen eines Treffers** unterschiedlich sind.

Während in der EU ein Treffer auf der konsolidierten Liste ein generelles Bereitstellungsverbot zur Folge hat, ist die Rechtsfolge bei einem Treffer auf einer der US-Liste von der Liste abhängig, auf der die gelistete Einheit steht.

Die Rechtsfolgen eines Treffers können neben Verboten auch Genehmigungsvorbehalte oder nur Warnungen sein. Aus diesem Grund ist es wichtig, die Regelungen der einzelnen US-Sanktionslisten zu kennen und sich genau an diese zu halten.

4.1.3 US-Sanktionslisten im Einzelnen

A. Denied Persons List (DPL)

Die Denied Persons List führt Personen auf, die gegen US-Exportgesetze verstoßen haben und gegen die deshalb vom Bureau of Industry and Security (BIS) eine Denial Order, eine sog.Verbotsverfügung, erlassen wurde. Den gelisteten Personen wurden alle Privilegien für den Handel mit US-Produkten entzogen.[27] Dies hat zur Folge, dass die gelisteten Personen weder US-Produkte beziehen dürfen noch von ihnen US-Produkte bezogen werden dürfen.

B. Entity List (EL)

Unternehmen, die auf dieser Liste stehen, stehen im Verdacht, an der Proliferation von Massenvernichtungswaffen beteiligt zu sein oder die nationale Sicherheit der USA zu gefährden. Die Ausfuhr bzw. der Re-Export von US-Produkten an Unternehmen, die auf der Liste aufgeführt sind, unterliegt der Genehmigungspflicht durch das BIS. Aus dem Listeneintrag ergibt sich, welche US-Produkte im konkreten Fall von der Genehmigungspflicht betroffen sind.

---

[27] Kerstin Ullrich, AEB Help Center, „*US-Sanktionslisten: Diese Folgen hat eine Treffermeldung*", erstellt am 22.07.2021, URL: https://service.aeb.com/hc/de/articles/360008934637-US-Blacklists-Diese-Folgen-hat-eine-Treffermeldung, (Stand 13.11.2023).

Darüber hinaus zeigt die Spalte „Genehmigungspflicht" („License Requirements"), welche US-Produkte für den konkreten Listeneintrag genehmigungspflichtig sind.[28]

C. Specially Designated Nationals List (SDN)

Die SDN-Liste enthält Personen, Unternehmen und Organisationen, die von den USA mit Finanzsanktionen belegt wurden. Die SDN-Liste als Ganzes ist nur für US-Personen relevant. Nicht-US-Personen müssen nur einzelne Sanktionsprogramme beachten.
Die für Nicht-US-Personen im Handel mit US-Gütern relevanten Sanction-Tags sind [NPWMD], [SDGT], [SDT], [FTO], [IRAQ2].[29]

Secondary Sanctions bestehen für Nicht-US-Personen weltweit für das US-Iran-Embargo [IRAN] und eingeschränkt für diverse Executive Orders im Zusammenhang mit den US-Russlandsanktionen, z.B. [UKRAINE13662].[30]
Bedeutung der SDN-Suffixe mit weltweiter Relevanz im US-Warenhandel:

- [NPWMD] Nuclear Proliferation Weapons of Mass Destruction (§ 744.8 EAR)
- [SDGT] Specially Designated Global Terrorists (§744.12 EAR)
- [SDT] Specially Designated Terrorist (§ 744.13 EAR)
- [FTO] Foreign Terrorist Organization (§ 744.14 EAR)
- [IRAQ2] (§ 744.18 EAR)

---

[28]Kerstin Ullrich, AEB Help Center, „*US-Sanktionslisten: Diese Folgen hat eine Treffermeldung*", erstellt am 22.07.2021, URL: https://service.aeb.com/hc/de/articles/360008934637-US-Blacklists-Diese-Folgen-hat-eine-Treffermeldung, (Stand 13.11.2023).
[29]Kerstin Ullrich, AEB Help Center, „*US-Sanktionslisten: Diese Folgen hat eine Treffermeldung*", erstellt am 22.07.2021, URL: https://service.aeb.com/hc/de/articles/360008934637-US-Blacklists-Diese-Folgen-hat-eine-Treffermeldung, (Stand 13.11.2023).
[30]Kerstin Ullrich, AEB Help Center, „*US-Sanktionslisten: Diese Folgen hat eine Treffermeldung*", erstellt am 22.07.2021, URL: https://service.aeb.com/hc/de/articles/360008934637-US-Blacklists-Diese-Folgen-hat-eine-Treffermeldung, (Stand 13.11.2023).

D. Debarment List (DL)

Eine Liste des Directorate of Defense Trade Controls (DDTC) des U.S. Department of State, die die Namen der Personen enthält, die von der weiteren Versorgung mit Gütern, die in die Zuständigkeit des U.S. Department of State fallen, ausgeschlossen sind. Diese Personen dürfen nicht mit US-Verteidigungsgütern beliefert werden. Dazu gehören auch technische Daten und Dienstleistungen. Europäische Unternehmen, die US-Verteidigungsgüter aus den USA beziehen oder solche Güter re-exportieren oder weiterverarbeiten, müssen die Debarment List beachten.[31]

E. Unverified List (UL)

Die UL listet Unternehmen auf, bei denen die US-Behörden im Rahmen von Post- oder Pre-Shipment-Inspektionen keine ausreichende Prüfung durchführen konnten und daher Zweifel an der Eignung zum Umgang mit US-Produkten (items subject to the EAR § 734. 3 - 4) bestehen.[32] Die UL hat den Charakter einer Warnliste. Die Rechtsfolge ist weder ein Verbot noch eine Genehmigungspflicht. Es wird zu erhöhter Sorgfalt aufgefordert („red flag"). Durch angeforderte schriftliche Unterlagen ist sicherzustellen, dass die Güter nicht für eine verbotene Endverwendung verwendet werden (§ 744.15 (b)(2)EAR). Verstöße gegen das US-Exportkontrollrecht können mit empfindlichen Strafen geahndet werden.

---

[31] Kerstin Ullrich, AEB Help Center, „*US-Sanktionslisten: Diese Folgen hat eine Treffermeldung*", erstellt am 22.07.2021, URL: https://service.aeb.com/hc/de/articles/360008934637-US-Blacklists-Diese-Folgen-hat-eine-Treffermeldung, (Stand 13.11.2023).

[32] Kerstin Ullrich, AEB Help Center, „*US-Sanktionslisten: Diese Folgen hat eine Treffermeldung*", erstellt am 22.07.2021, URL: https://service.aeb.com/hc/de/articles/360008934637-US-Blacklists-Diese-Folgen-hat-eine-Treffermeldung, (Stand 13.11.2023).

Es empfiehlt sich daher für Unternehmen, die vom US-Exportkontrollrecht betroffen sind, die systematische Durchführung der erforderlichen Prüfschritte und die Implementierung in die Unternehmensorganisation.[33]

4.1.4 Fazit US-Sanktionen

Ein Verstoß gegen geltende Sanktionsbestimmungen ist kein Bagatelldelikt: Unternehmen, die gegen bestehende Embargos und Sanktionen verstoßen, machen sich strafbar. Dies kann nicht nur auf nationaler, sondern auch auf internationaler Ebene der Fall sein. Die Folgen beschränken sich möglicherweise nicht nur auf Freiheits- und Geldstrafen, sondern können viel weitreichender sein und die Existenz und Liquidität eines Unternehmens betreffen.

Für Verstöße gegen Embargo- und Sanktionsvorschriften sieht das deutsche bzw. österreichische Außenwirtschaftsgesetz (AWG) einen empfindlich hohen Strafrahmen vor: Die Mindeststrafe beträgt **1 Jahr Freiheitsstrafe**. Wenn es sich allerdings um einen Verstoß gegen ein **Waffenembargo** handelt, kann die Freiheitsstrafe **bis zu 10 Jahre** sein.

Neben dem Verstoß gegen Embargo- und Sanktionsvorschriften kommt bei internationalen Handelsgeschäften auch eine Strafbarkeit wegen Steuerhinterziehung oder Steuerhehlerei in Betracht.[34]
Auch hier ist der Strafrahmen entsprechend hoch: Es drohen **Geldstrafen oder Freiheitsstrafen bis zu fünf Jahren.**

---

[33] Kerstin Ullrich, AEB Help Center, „*US-Sanktionslisten: Diese Folgen hat eine Treffermeldung*“, erstellt am 22.07.2021, URL: https://service.aeb.com/hc/de/articles/360008934637-US-Blacklists-Diese-Folgen-hat-eine-Treffermeldung, (Stand 13.11.2023).
[34] *Anton Schmoll*, O&W Rechtsanwalts Gesellschaft mbH, Embargoverstoß, erstellt am 17.07.2020 (Update 09.03.2021), URL: https://www.owlaw.de/aussenwirtschaftsrecht/embargos-sanktionen/embargoverstoss/#:~:text=Der%20Gesetzgeber%20sieht%20im%20Au%C3%9Fenwirtschaftsgesetz,bis%20zu%2010%20Jahre%20Gef%C3%A4ngnis., (Stand 10.11.2023).

Unabhängig von den möglichen Freiheitsstrafen drohen bei Sanktionsverstößen auch wirtschaftliche Konsequenzen. Unternehmen, die gegen ein Embargo verstoßen, sollen nach der Intention des Gesetzgebers hinter dem sogenannten Bruttoprinzip auch finanziell bestraft werden.

Bei bestimmten Verstößen wird daher nicht nur der entsprechende Gewinn aus dem betroffenen Geschäft abgeschöpft – sondern der gesamte Umsatz aus dem Geschäft. Dies soll eine abschreckende Wirkung auf Unternehmen haben und weiteren Embargoverstößen vorbeugen.

Neben den strafrechtlichen und wirtschaftlichen Folgen wie drohender Insolvenz droht den exportierenden Unternehmen bei einem Embargoverstoß auch ein erheblicher Reputationsverlust.

Handelsübliche Erleichterungen und Privilegien wie Gütesiegel können entzogen werden. Auch die Berichterstattung in den Medien kann dazu beitragen, verbotene Exportgeschäfte öffentlich zu sanktionieren.

Unternehmen riskieren somit immer damit auch ihre Marktposition und einen Imageschaden.

Beispiel Wippermann (Forfait AG) vs. OFAC[35,36]

Am 6. Februar 2014 wurde der deutsche Firmenmanager Wippermann beschuldigt, die nationale Sicherheit der USA zu gefährden. Die OFAC hatte Wippermann und seine Firma Forfait AG (Deutschland) auf die Schwarze Liste die sog. „Specially Designated Nationals List (SDN)" gesetzt.

Bis zu jenem Tag unterstützte Wippermann die Exportaktivitäten der deutschen und europäischen Industrie mit Hauptfokus Middle East (Iran) ins Ausland. Der Finanzexperte hatte eine Position im Vorstand der Forfait und Siemens sowie zahlreiche Mittelständler, welche die Abwicklung von Zahlungen mit ausländischen Käufern einem Dienstleister übertrugen. Im Konkreten hat die deutsche Forfait die Forderungen der Exporteure erworben und erhält das Geld, zuzüglich eines Aufschlags, für die erbrachte Dienstleistung vom Kunden im Ausland zurück.

Der Eintrag auf die SDN-List hat dazu geführt, dass die Forfait AG **kurz vor der Insolvenz stand**. Niemand wollte noch Geschäfte mit dem genannten Unternehmen machen, geschweige denn Finanztransaktionen abwickeln. Schätzungsweise kann hier von einem entstandenen finanziellen Schadensausmaß zwischen 150 und 200 Millionen Euro ausgegangen werden.

Die Firma wurde von der SDN-Liste gestrichen, nachdem sie die von der OFAC festgelegte Bedingung erfüllt hatte, nämlich die **Entlassung von Wippermann**. Wippermanns Name verblieb jedoch weiterhin auf der **Terrorliste** und er spürte die Auswirkungen tief in seinem **Privatleben:** Seine Bankkonten und Kreditkarten wurden gekündigt. Die Deutsche Telekom weigerte sich, ihm ein Endgerät des US-Herstellers Apple auszuhändigen, weil er auf der US-Blacklist stand.[37]

Kennt man den Fall Wippermann-Forfait, kann man besser verstehen, wie weit der regulatorische Arm der USA tatsächlich greifen kann und warum deutsche bzw. europäische Banken trotz des Endes der europäischen Sanktionen gegen die „Islamische Republik" zögern, ins Iran-Geschäft zurückzukehren.

---

[35] U.S. Department of the Treasury, Treasury Targets Networks Linked To Iran (06.02.2014), URL: https://home.treasury.gov/news/press-releases/jl2287, (Stand 10.11.2023).

[36] *Stefan Buchen/ Rainer Herrmann*, FAZ- Wie ein deutscher Unternehmer auf Amerikas Terrorliste geriet 01.12.2016, URL: https://www.faz.net/aktuell/politik/deutscher-auf-usa-terrorliste-wegen-exporten-nach-iran-14552747.html, (Stand 10.11.2023).

[37] Stefan Buchen /Rainer Herrmann, *FAZ-Wie ein deutscher Unternehmer auf Amerikas Terrorliste geriet* 01.12.2016, URL: https://www.faz.net/aktuell/politik/deutscher-auf-usa-terrorliste-wegen-exporten-nach-iran-14552747.html, (Stand 10.11.2023).

4.2. United Kingdom (UK)

Mit dem Brexit Englands aus der EU unterliegt dieses auch nicht mehr dem Anwendungsbereich der EU-Verordnungen. Folglich verlieren alle bis zum Brexit in UK geltenden EU-Sanktionsvorschriften ihre Gültigkeit. Vor diesem Hintergrund musste UK ein neues Regelwerk schaffen, das die für UK geltenden Sanktionsmaßnahmen in nationales britisches Recht überführt.

Mit dem „Sanctions and Anti-Money Laundering Act“ von 2018 verfügt UK über eine Ermächtigungsgrundlage für den Erlass nationaler Sanktionsvorschriften. Daneben gibt es weitere britische Gesetze wie die „Export Control Order“ von 2008 und den „Anti-Terrorism, Crime and Security Act“ von 2001, die als Ermächtigungsgrundlage z.B. für Beschränkungen des Außenwirtschaftsverkehrs durch Exportkontrollregelungen oder Sanktionen im Zusammenhang mit Terrorismus dienen.

Die Finanzsanktionen, die UK gegen Personen, Unternehmen und Organisationen verhängt hat, sind in der UK Sanctions List zusammengefasst.

4.2.1 UK Sanctions List

Die UK Sanctions List enthält alle Listungen, die nach dem UK Sanctions Act (Sanctions and Anti-Money Laundering Act 2018) vorgenommen wurden. Die gelisteten Personen unterliegen umfassenden Finanzsanktionen durch England. Nicht nur die **direkte**, sondern auch die **indirekte Bereitstellung von Vermögenswerten ist verboten**.

Somit ist nicht nur der direkte Geschäftspartner einer Prüfung zu unterziehen, sondern auch die Frage einer indirekten Bereitstellung zu prüfen.

Eine indirekte Bereitstellung liegt vor, wenn der nicht gelistete Geschäftspartner im Eigentum einer gelisteten Person steht („Sanctioned Ownership and Control"). Dieses Konzept ähnelt dem der EU-Sanktionen. Die englischen Sanktionsvorschriften enthalten jedoch detailliertere Erläuterungen dazu, wann davon auszugehen ist, dass die gelistete Person oder Partei eine indirekte Kontrolle über eine sanktionierte Person ausübt.

Welche Unternehmen in den Anwendungsbereich der UK-Finanzsanktionen fallen, ist in **§ 21 Abs. 3 UK Sanctions Act** geregelt:

- Die Verordnung gilt **für juristische Personen, Organisationen** und **Einrichtungen** in Bezug auf alle Geschäfte, die **ganz oder teilweise in Großbritannien getätigt werden**.
- Dies schließt **alle natürlichen und juristischen Personen** ein, die sich im **Hoheitsgebiet des Vereinigten Königreichs aufhalten**.
- Dies umfasst auch **alle Staatsangehörigen des Vereinigten Königreichs und juristische Personen**, die nach dem **englischen Recht gegründet** wurden, einschließlich ihrer **Zweigniederlassungen, unabhängig davon, wo sie ihre Geschäftstätigkeit ausüben.**

Gemäß dem UK Sanctions Act kann das **Office of Financial Sanctions Implementation** (OFSI) Allgemeingenehmigungen erteilen, wenn andere Ausnahmeregelungen oder Befreiungen nicht verfügbar sind.
Diese englischen Allgemeingenehmigungen decken jedoch nicht die zusätzlichen Genehmigungserfordernisse der EU-Mitgliedstaaten ab. Unternehmen, die sowohl der britischen als auch der EU-Gesetzgebung unterliegen, müssen daher weiterhin die entsprechende spezifische Lizenz in dem jeweiligen EU-Mitgliedstaat beantragen.
Unter den derzeitigen EU-Sanktionsverordnungen gibt es solche Allgemeingenehmigungen derzeit nicht.

4.2.2. UK-Sanktionen gegen Russland

UK hat die sektoralen Russland-Sanktionen der EU durch eine einheitliche Russland-Sanktionsverordnung ersetzt und die Liste der russischen Unternehmen, die Kapitalmarktbeschränkungen unterliegen, entsprechend aktualisiert. Die Ausnahmen von den Sanktionen beziehen sich auf Tochtergesellschaften mit Sitz im Vereinigten Königreich (im Gegensatz zu Tochtergesellschaften mit Sitz in der EU nach EU-Recht). Ausnahmen für nicht beschränkten Handel gelten nur, wenn der betreffende Handel einen **UK-Nexus** hat (und nicht einen EU-Nexus nach EU-Recht).

Für einige Unternehmen kann dies bedeuten, dass sie eine **Genehmigung sowohl von der EU als auch von UK** benötigen. Ein weiterer Unterschied besteht darin, dass das englische Sanktionsregime gegenüber Russland den Begriff „Finanzdienstleistungen" („financial services") anstelle des EU-Begriffs „Finanzhilfe" („financial assistance") verwendet. Unter dem EU-Sanktionsregime umfasst „financial assistance" derzeit nicht die Zahlungsabwicklung, während unter dem UK-Sanktionsregime „financial services" sowohl **Zahlungs- als auch Geldüberweisungsdienstleistungen** umfasst sind.

4.3 China

China ist als ständiges Mitglied im UN-Sicherheitsrat vertreten und beteiligt sich innerhalb dieses Rahmens an der Formulierung von internationalen Sanktionen. Diese werden dann in nationales Recht übernommen. Darüber hinaus verhängt China in begrenztem Umfang autonome Sanktionen im Zusammenhang mit Themen wie Terrorismus.

Das chinesische Außenministerium (MFA) ist hauptsächlich für die Überwachung der chinesischen Sanktionen verantwortlich und verkündet diese durch offizielle Bekanntmachungen sowie in Zusammenarbeit mit anderen Regierungsstellen, wie beispielsweise der People's Bank of China (PBOC) oder dem Ministerium für öffentliche Sicherheit (MPS).

Die chinesische Regierung kann durch informelle Richtlinien, welche auf staatliche Unternehmen oder begrenzte Handelsboykotte abzielen, von Zeit zu Zeit wirtschaftlichen Druck ausüben. Allerdings sind solche Initiativen nicht allgemein und für die Öffentlichkeit verbindlich. Chinesische Sanktionen wirken im Allgemeinen nicht extraterritorial.

4.3.1. Export Control Law

Das Exportkontrollgesetz[38] der Volksrepublik China („ECL") ist am 1. Dezember 2020 in Kraft getreten.
Es bildet den ersten **umfassenden rechtlichen Rahmen** des Landes für die Kontrolle von Rüstungsgütern, Gütern mit doppeltem Verwendungszweck und Technologien aus Gründen der nationalen Sicherheit und öffentlichen Ordnung.

Wer somit Waren aus China exportiert, sollte beachten, dass die Ausfuhr von Gütern, Technologien und technischen Daten gemäß diesem Gesetz verstärkt geprüft und überwacht wird. Aus diesem Grund empfiehlt es sich, die regulatorischen Entwicklungen diesbezüglich genau zu verfolgen, um Produkte zu identifizieren, die Einschränkungen unterliegen, sowie Prozesse und Verfahren zu implementieren, die einen ordnungsgemäßen Export unterstützen.

[38] The State Council the People´s Republic of China, China´s Export Controls (updated 29.12.2021),URL:https://english.www.gov.cn/archive/whitepaper/202112/29/content_WS61cc01b8c6d09c94e48a2df0.html#:~:text=China%20stands%20firmly%20against%20the,technologies%20and%20services%20related%20to, (Stand 10.11.2023).

4.3.2 Informelle Sekundärsanktionen

Litauen ist ein anschauliches Beispiel dafür, wie sich Sanktionen Chinas zunehmend weit über die territorialen Grenzen hinaus auswirken. Im November 2021 eröffnete Litauen ein „Taiwan Representative Office" in Vilnius und entschied sich bewusst für die Verwendung des Namens „Taiwan" anstelle von „Taipeh". Die chinesische Regierung betrachtete dies als Verletzung des Ein-China-Prinzips, wonach es nur ein China gibt und Taiwan ein Teil davon ist. Daraufhin wurden schnell wirtschaftliche Zwangsmaßnahmen ergriffen.

In vielerlei Hinsicht ist das Vorgehen Chinas hier ein Lehrbuchbeispiel für wirtschaftliche Nötigung. Das Ereignis, das zu den Zwangsmaßnahmen geführt hat, wurde von der Kommunistischen Partei Chinas als ein „Kerninteresse", nämlich die territoriale Souveränität Chinas, in Frage gestellt. Die Zwangsmaßnahmen gegen Litauen waren zudem unverhältnismäßig und informell.
Über Nacht wurde Litauen aus dem chinesischen Zollsystem entfernt, wodurch alle bilateralen Exporte und Importe blockiert wurden. China bemerkte jedoch, dass seine Maßnahmen in Litauen nur geringe wirtschaftliche oder politische Auswirkungen hatten, da das Handelsvolumen zwischen den beiden Ländern niedrig war. Folglich hat China seine Taktik angepasst: **informelle Sekundärsanktionen**.[39]

Im Dezember 2021 wurden Unternehmen, welche Produkte aus Litauen importierten, von China gewarnt, dass auch ihre Handelsbeziehungen mit China eingeschränkt werden könnten.

---

[39] *Matthew Reynold/ Matthew P. Godmann*, CSIS-China's Economic Coercion: Lessons from Lithuania, 06.05.2022,
URL: https://www.csis.org/analysis/chinas-economic-coercion-lessons-lithuania#:~:text=After%20its%20export%20embargo%20failed,commercial%20relations%20with%20China%20restricted, (Stand 10.11.2023).

Kurz darauf wurde bekannt, dass in China Automobilteile von Continental, die Bauteile von litauischen Firmen bezieht, nicht verzollt werden konnten. Die genauen Auswirkungen der sekundären Sanktionen Chinas auf europäische Unternehmen können bisher nicht näher spezifiziert werden, da Erfahrungswerte diesbezüglich fehlen. Im Hinblick auf schwelende handelspolitische Interessenskonflikte dient dieser Fall aber als mahnendes Beispiel.

5. Abschluss

Wir hoffen, dass das Buch Ihnen einen verständlichen Überblick durch den Sanktionen-Dschungel vermittelt konnte und es Ihnen und Ihrer Arbeit und für die Sanktionenprüfungen von Nutzen sein wird.

Zur Unterstützung finden Sie in den **Anhängen** ein Schaubild zur Warenprüfung anhand der Sanktionenverordnungen (Anhang I), sowie eine Länderliste Embargos über die aktuellen UN, EU, und US-Güterembargos (Stand 01.11.2023) und typischen Umgehungsländer dazu (Anhang II). Es werden nur Embargos für diese Liste beachtet und nicht einzelne personenbezogene Sanktionen.

Schließlich noch eine EU-Sanktionen-Übersicht (Anhang III) über die aktuellen EU-Sanktionen (einschließlich rein personenbezogene Sanktionen) und noch eine Auflistung von nützlichen Webseiten und Online-Tools, die allesamt gratis und öffentlich zugänglich sind und auch von uns selbst für unsere Prüfung genutzt werden (Anhang IV).

Auch wenn wir keine magische Glaskugel besitzen, so wollen wir abschließend noch eine **Prognose** der voraussichtlichen zukünftigen Entwicklung anstellen, bevor wir zum **Fazit** gelangen.

5.1 Prognose

In den letzten Jahren ist allgemein ein starker Anstieg in der Anzahl von Sanktionen und Embargos zu verzeichnen. Ein Trend, der sich sehr wahrscheinlich fortsetzen wird.
Die sektorale Sanktionierung von einzelnen Personen, Unternehmen oder von einzelnen Branchen bis zu ganzen Wirtschaftssektoren hat sich als beliebtes politisches Mittel etabliert und die Sanktionslisten wachsen mit Einträgen zu sanktionierten Personen, Unternehmen und staatlichen Einrichtungen.

Dem federführenden Beispiel der USA und ihren **exterritorial wirkenden Sanktionen** versuchen auch andere Länder nachzueifern, allen voran Großbritannien und China, weswegen auch bei diesen ein Anstieg zu erwarten ist. Dies gilt gerade im Hinblick auf den anschwellenden **Handelskonflikt zwischen China und den USA**, in welchem auch die EU mittelfristig Stellung beziehen wird müssen.

Dass Deutschland in seinem aktuellem Strategiepapier zu China dieses u.a. als „systematischen Rivalen“ bezeichnet hat[40], weist bereits auf den künftigen Weg hin. Sollte der **China/Taiwan-Streit** eskalieren, ist mit ähnlichen Sanktionen zurechnen, wie sie derzeit gegen Russland existieren, wenn nicht vielleicht sogar in einem noch größeren Ausmaß. In diesem Fall wird China mit Gegensanktionen nicht sparen.

Gerade im Hinblick auf den aktuellen Brennpunkt des **Ukraine-Krieges** ist auch hier keine Entschärfung der aktuellen Sanktionen gegen Russland und Belarus zu erwarten.

---

[40] Auswärtiges Amt, „China-Strategie der Bundesregierung“, 2023, S. 10.

Mit Dauer des Krieges ist mit weiteren Sanktionspaketen zu rechnen und einer schrittweisen Angleichung der Belarus-Sanktionen mit den Sanktionsmaßnahmen gegen Russland, um Umgehungsgeschäfte über Belarus zu verhindern. Überhaupt ist mit einem **Fokus auf den Kampf gegen Umgehungsgeschäfte** zu rechnen. Mit Artikel 12f in der EU-Verordnung 833/2014 hat die EU bereits die ersten Vorbereitungen gesetzt, um selbst Personen und Unternehmen aus Drittstaaten zu sanktionieren, wenn diese weiterhin Russland-Umgehungsgeschäfte zulassen sollten.

Wir hoffen natürlich, dass der Krieg schon bald ein friedliches Ende findet. Doch selbst dann werden die Russland-Sanktionen nicht über Nacht wieder aufgehoben werden. Eher ist mit einer schrittweisen Rücknahme der Sanktionsmaßnahmen zu rechnen. Auch wird sehr wahrscheinlich ein gewisses Minimum an Sanktionen gegen Russland für lange Zeit aufrechterhalten bleiben. Gut vorstellbar ist aus unserer Sicht die schrittweise Rücknahme der einzelnen Sanktionenpakete über mehrere Jahre und Beibehaltung der ursprünglichen Sanktionen von 2014.

Schlussendlich rechnen wir auch mit einer Ausweitung der „Themengebiete“, gegen welche Sanktionsmaßnahmen ergriffen werden. Etwa in den Bereichen der Menschenrechte, Kinderarbeit, Menschenhandel und moderne Sklaverei bis hin zu schweren Umweltschädigungen[41] werden diesbezüglich bereits Überlegungen angestellt, bzw. wurden bereits die ersten Sanktionen erlassen.

So wurde beispielsweise durch die EU Ende 2020 eine eigene Verordnung zur Sanktionierung aufgrund von **schweren Verstößen gegen das Menschenrecht erlassen: EU-Verordnung 2020/1998.**

---

[41] Siehe z.B. Taylor, „EU erwägt Sanktionen gegen Unternehmen die für Umweltschädigung im Ausland verantwortlich sind“, in euractiv, 15.09.2021, https://www.euractiv.de/section/energie-und-umwelt/news/eu-erwaegt-sanktionen-gegen-unternehmen-die-fuer-umweltschaeden-im-ausland-verantwortlich-sind/ (Stand 01.11.2023).

In dieser werden auch chinesische Unternehmen und Personen (einschließlich Politiker) wegen der Unterdrückung der uighurischen Volksgruppe sanktioniert.

5.2 Fazit

Es bleibt daher das Fazit, dass als produzierendes oder warenhandelndes Unternehmen, aber auch für die ersten Dienstleister mit grenzüberschreitendem Handel, eine sorgfältige Sanktionenprüfung nicht mehr wegzudenken ist. Nur so können die gesetzlichen Sorgfaltspflichten und behördlichen Anforderungen erfüllt werden und nur so kann man das Unternehmen, aber wegen der persönlichen Haftbarkeit auch sich selbst, vor Strafen, Reputationsschäden und Geschäftseinbußen schützen.

Das Sanktionenrecht ist ein komplexes Thema und die zu erwartenden Verschärfungen von bestehenden Maßnahmen, die Erweiterungen der Themengebiete und Ausweitung der extraterritorialen Sanktionenregieme werden es künftig nicht leichter machen. Nur wenn man über alle Entwicklungen und Änderungen informiert bleibt und entweder selbst einen Sanktionenbeauftragten, mit der nötigen Fachkenntnis und ausreichenden Ressourcen ausgestattet, ernennt oder sich externer Experten zurate zieht, kann man sein Unternehmen vor den negativen Auswirkungen schützen.

Denn durch verschärfte Kontrollen der nationalen Aufsichtsbehörden, zunehmende internationale Verzweigung und Kommunikation der Behörden und Banken, höhere Strafdrohungen und Sensibilisierung der Gesellschaft durch Politik und Medien ist mit einem starken Anstieg von eben diesen negativen Auswirkungen zu rechnen.

Wir wünschen Ihnen viel Erfolg bei Ihren Bemühungen und hoffen, dass wir einen Beitrag zur Risikominimierung beitragen konnten.

Quellen

1. Felbermayr Gabriel, Kirilakha Aleksandra, Syropoulos Constantinos, Yalcin Erdal, Yotov Yoto, 2020. *"The Global Sanctions Data Base"* in School of Economics Working Paper Series 2020-2, LeBow College of Business, Drexel University, revised 30 May 2020.
2. Gary Clyde Hufbauer, Jeffrey J. Schott, Kimberley Ann Elliott, *„Economic Sanctions Reconsidered: History and current policy"*, Band 1, 1990.
3. Pape Robert A, 1998, *"Why Economic Sanctions Still Do Not Work" International Security. 23 (1).*
4. Gary Clyde Hufbauer, Jeffrey J. Schott, Kimberley Ann Elliott, Barbara Oegg, *„Economic Sanctions Reconsidered"*, 3rd Edition.
5. Adam Taylor, *„13 times that economy sanctions really worked"*, 28.04.2014, in Washington Post. *https://www.washingtonpost.com/news/worldviews/wp/2014/04/28/13-times-that-economic-sanctions-really-worked (Stand 01.11.2023).*
6. Follak Klaus Peter, *„Wirtschaftssanktionen der EU – Rechtsgrundlagen, Umsetzung und Rechtsprechung: Ukraine-Krise und Iran"*, in Zeitschrift für das gesamte Bank-und Börsenwesen, November 2014, 62. Jahrgang.
7. United Nations Regional Information Centre for Western Europe (UNRIC), *„How the European Union and the Unit-les Nations Cooperate", Januar 2007, in* https://unric.org/en/wp-content/uploads/sites/15/2021/02/Leporello_EU-VN_e.pdf (Stand 01.11.2023).
8. Scherschneva Elena, *„Geldwäsche-Compliance auf den Punkt gebracht"*, 4. Auflage, Dezember 2022.
9. Kynast Andreas, „*Vorwurf der Sanktionsumgehung – Das Waschmaschinen-Rätsel von Kasachstan*", 15.06.2023, in ZDF https://www.zdf.de/nachrichten/politik/kasachstan-sanktionen-russland-waschmaschinen-100.html (Stand 01.11.2023).
10. Auswärtiges Amt, „China-Strategie der Bundesregierung", 2023.
11. Taylor Kira, „*EU erwägt Sanktionen gegen Unternehmen, die für Umweltschädigung im Ausland verantwortlich sind*", in euractiv, 15.09.2021, https://www.euractiv.de/section/energie-und-umwelt/news/eu-erwaegt-sanktionen-gegen-unternehmen-die-fuer-umweltschaeden-im-ausland-verantwortlich-sind/ (Stand 01.11.2023).

12. Österreichische Finanzmarktaufsicht, *„Konto – Was Sie über Überweisungen und Gebühren wissen sollten!“*, in https://www.fma.gv.at/konto/konto-wichtig-zu-wissen/, (Stand 10.11.2023).
13. Anton Schmoll, O&W Rechtsanwalts Gesellschaft mbH, „Embargoverstoß“, erstellt am 17.07.2020 (Update 09.03.2021), in https://www.owlaw.de/aussenwirtschaftsrecht/embargos-sanktionen/embargoverstoss/#:~:text=Der%20Gesetzgeber%20sieht%20im%20Au%C3%9Fenwirtschaftsgesetz,bis%20zu%2010%20Jahre%20Gef%C3%A4ngnis.
14. U.S. Department of the Treasury, “Treasury Targets Networks Linked To Iran“(06.02.2014), in https://home.treasury.gov/news/press-releases/jl2287.
15. Stefan Buchen/ Rainer Herrmann, FAZ- „Wie ein deutscher Unternehmer auf Amerikas Terrorliste geriet“ 01.12.2016, in https://www.faz.net/aktuell/politik/deutscher-auf-usa-terrorliste-wegen-exporten-nach-iran-14552747.html.
16. The State Council the People´s Republic of China, „China´s Export Controls“ (updated 29.12.2021),in https://english.www.gov.cn/archive/whitepaper/202112/29/content_WS61cc01b8c6d09c94e48a2df0.html#:~:text=China%20stands%20firmly%20against%20the,technologies%20and%20services%20related%20to.
17. Kerstin Ullrich, AEB Help Center, „US-Sanktionslisten: Diese Folgen hat eine Treffermeldung“, erstellt am 22.07.2021, in https://service.aeb.com/hc/de/articles/360008934637-US-Blacklists-Diese-Folgen-hat-eine-Treffermeldung.
18. Matthew Reynold/ Matthew P. Godmann, CSIS-„China’s Economic Coercion: Lessons from Lithuania“, 06.05.2022, in https://www.csis.org/analysis/chinas-economic-coercion-lessons-lithuania#:~:text=After%20its%20export%20embargo%20failed,commercial%20relations%20with%20China%20restricted.

ANHÄNGE

Anhang I

Schaubild Warenprüfung innerhalb der Sanktionenverordnung

Treffer für die Spezifikation (XXXX XX XX)?

JA NEIN

Für mich relevante Embargobestimmungen im Hinblick auf Import, Export, Durchfuhr?

Treffer für eine übergeordnete Spezifikation (XXXX XX) oder Warengruppe (XXXX)?

JA NEIN

Kann auf eine Ausnahme, ein Abwicklungsfenster, ein Genehmigungsmöglichkeit, Kontingent- oder Schwellenwertregelung zurückgegriffen werden, oder fällt die Ware nicht unter die explizit angeführten Voraussetzungen?

Keine Sanktionierung!

JA NEIN

Keine Sanktionierung!

Sanktionierung!

Anhang II

Länderliste Embargos (nicht rein personenbezogene Sanktionen)

ISO	**Land**	**UN**	**EU**	**USA**	**Typisch. Umgeh. Land**
AF	Afghanistan	X	X	X	
AM	Armenien		OSZE		X
AZ	Aserbaidschan		OSZE		X
ET	Äthiopien		X	X	
BY	Belarus		X	X	X
BI	Burundi		X	X	
CN	China		*[42]	X	X
ER	Eritrea	X			
GE	Georgien				X
GN	Guinea (Republik)		X		
GW	Guinea-Bissau	X	X		
HT	Haiti		X		
IQ	Irak	X	X	X	
IR	Iran	X	X	X	
YE	Jemen	X	X	X	
KZ	Kasachstan				X
KG	Kirgisistan				X
CD	Kongo (Dem. Rep.)	X	X	X	
CU	Kuba			X	

[42] gs. Waffenembargo

ISO	Land	UN	EU	USA	Typisch. Umgeh. Land
LB	Libanon	X	X	X	X
LY	Libyen	X	X	X	
ML	Mali	X	X	X	
MM	Myanmar		X	X	
NI	Nicaragua		X	X	
KP	Nordkorea	X	X	X	
RU	Russland		X	X	
ZW	Simbabwe		X	X	
SO	Somalia	X	X	X	
SD	Sudan	X	X	X	
SS	Südsudan	X	X	X	
SY	Syrien		X	X	
TJ	Tadschikistan				X
TN	Tunesien		X		
TR	Türkei				X
TK	Turkmenistan				X
UZ	Usbekistan				X
VE	Venezuela		X	X	
AE	Vereinigte Arabische Emirate				X
CF	Zentralafrikanische Republik	X	X	X	

Anhang III
EU-Sanktionen Übersicht

Land	Verordnung	Maßnahmen
Afghanistan	753/2011	Finanzsankt., Militärgüter
Armenien	OSZE 1992	Militärgüter
Aserbaidschan	OSZE 1992	Militärgüter
Belarus	765/2006	Finanzsanktionen, umfangreiche Embargos, Transportverbot für Spediteure
Burundi	2015/1755	Finanzsanktionen
China	EC-Declaration in Madrid, 27.06.1989	Waffen
Guinea (Rep.)	1284/2009	Finanzsanktionen
Guinea-Bissau	377/2012	Finanzsanktionen
Haiti	2022/2309	Finanzsankt., Militärgüter
Irak	1210/2003	Finanzsankt., Militärgüter Kulturgüter
Iran	359/2011 267/2012	Finanzsankt., Militärgüter, Güter zur Repression und Überwachung, bestimmte Metalle und Software, Güter zum Drohenbau
Jemen	1352/2014	Finanzsankt., Militärgüter
Kongo (Dem. Rep.)	1183/2005	Finanzsankt., Militärgüter
Libanon	2021/1275	Finanzsankt., Militärgüter
Libyen	2016/44	Finanzsankt., Militärgüter, Güter zur Repression und Überwachung, Boote und Bootsmotoren

Land	Verordnung	Maßnahmen
Mali	2017/1770	Finanzsanktionen
Moldau	2023/888	Finanzsanktionen
Myanmar	401/2013	Finanzsankt., Militärgüter, Repression und Überwachung, Telekommunikationsgüter
Nicaragua	2019/171	Finanzsanktionen
Nordkorea	2017/1509	Finanzsankt., weitreichende Export- und Importverbote
Russland	833/2014 (Haupt-VO) 269/2014 (Listungen) 692/2014 (Krim) 2022/263 (besetzte Regionen)	Finanzsankt., sehr umfangreiche Embargos, spezielle Dienstleistungsverbote, Transportverbot für Spediteure
Simbabwe	314/2004	Finanzsankt., Militärgüter, Repression und Überwachung,
Somalia	147/2003 356/2010	Finanzsankt., Militärgüter, Holzkohle, Chemikalien für die Herstellung von Sprengstoff
Sudan	747/2014	Finanzsankt., Militärgüter
Südsudan	2015/735	Finanzsankt., Militärgüter
Syrien	36/2012 2023/1462	Finanzsanktionen, einige Exportverbote, ein paar Importverbote (z.B. Öl)
Tunesien	101/2011	Finanzsanktionen
Türkei	2019/1890	Finanzsanktionen
Venezuela	2017/2063	Finanzsankt., Militärgüter, Repression und Überwachung
Zentralafrikan. Rep.	224/2014	Finanzsankt., Militärgüter

Anhang IV
Nützliche Webseiten und Online-Tools

UNO

Webseite UN-Sicherheitsrat
https://www.un.org/securit ycouncil/sanctions/information

Eine Übersicht über die Sanktionsausschüsse des Sicherheitsrates der Vereinten Nationen, die jeweils maßgeblichen Resolutionen sowie Informationen zu Listing/De-listing sind auf der Internetseite der Vereinten Nationen zu finden.

USA

OFAC Webseite
https://ofac.treasury.gov/

Hauptwebseite mit Informationen zu den US-Sanktionen, spezifischen sanktionierten Ländern und General Licences.

OFAC Search Tool
https://sanctionssearch.ofac.treas.gov/

Tool zur Listenabfrage von durch die USA sanktionierte natürliche und juristische Personen.

EU

EU-Sanktionen Übersicht https://finance.ec.europa.eu/eu-and-world/sanctions-restrictive-measures/overview-sanctions-and-related-resources_en Auf dieser Webseite werden alle von der EU zur Verfügung gestellten Informationen und Online-Tools mit Verlinkung überblicksmäßig angezeigt. Bspw.: Sanctions Map. Whistleblower Tool, EU Sanctions Tool Iran, EUR-Lex	
EU Sanctions Map www.sanctionsmap.eu Anschauliche Übersicht und Informationen über Sanktionsmaßnahmen der EU sowie die Möglichkeit der manuellen Listen Abfrage von sanktionierten natürlichen und juristischen Personen sowie Weltkarte mit Ländern, gegen welche EU-Sanktionsmaßnahmen bestehen.	
TARIC-Code-Abfrage https://ec.europa.eu/taxation_customs/dds2/taric/taric_consultation.jsp?Lang=de EU-Webseite zur Abfrage von TARIC-Codes/Zolltarifnummern und Übersicht von etwaigen Embargos dazu.	
FAQ Russland-Sanktionen https://finance.ec.europa.eu/publications/consolidated-version_en Der FAQ der EU-Kommission zu den Russland-Sanktionen.	

Leitfaden der EU zur Verhinderung und Prüfung von Umgehungsgeschäften https://finance.ec.europa.eu/system/files/2023-09/230905-guidance-eu-operators-russia-sanctions- circumvention_en.pdf Informationen und Vorschläge der EU, wie man potentielle Umgehungsgeschäfte erkennen kann mitsamt Auflistung möglicher Indikatoren für das Vorliegen eines Umgehungsgeschäftes.	
Liste wichtiger Güter mit kritischer Prüfung auf Umgehungsgeschäfte https://finance.ec.europa.eu/publications/list-economically-critical-goods_en Liste von für Russlands Wirtschaft besonders wichtige Güter, die für den Export nach Russland sanktioniert sind. Sollte ein Export dieser Güter in Drittländer erfolgen, so ist besondere Sorgfalt bei der Prüfung auf etwaige Umgehungsgeschäfte notwendig. Siehe die im Download verfügbare Datei.	
Liste wichtiger Güter mit kritischer Prüfung auf Umgehungsgeschäfte https://finance.ec.europa.eu/publications/list-common-high-priority-items_en Liste von für Russlands Kriegsführung und Waffenherstellung besonders wichtige Güter, die für den Export nach Russland sanktioniert sind. Sollte ein Export dieser Güter in Drittländer erfolgen, so ist besondere Sorgfalt bei der Prüfung auf etwaige Umgehungsgeschäfte notwendig. Siehe die im Download verfügbare Datei.	

Deutschland

Übersicht Außenwirtschaftsrecht des BMWK https://www.bmwk.de/Redaktion/DE/Artikel/Aussenwirtschaft/aussenwirtschaftsrecht.html Übersichtliche Informierung rund über das Außenwirtschaftsrecht, inkl. Dual-Use-Güter, Embargos und Export von Rüstungsgüter mit Verlinkungen zu weiterführenden Webseiten.	
Abruf der Finanzsanktionenlisten https://www.finanz-sanktionsliste.de/fisalis/ Über dieses Suchtool, angeboten durch das deutsche Justizportal des Bundes und der Länder ist die manuelle Suche nach natürlichen und juristischen Personen möglich, gegen die Finanzsanktionen verhängt wurden.	
TARIC-Code-Abfrage https://www.zolltarifnummern.de/ Über diese Webseite können nicht nur TARIC-Codes/Zolltarifnummern abgefragt werden, um das Vorliegen etwaiger Embargos zu überprüfen, sondern auch mit Hilfe von Warenbezeichnungen/-beschreibungen nach den richtigen Codes gesucht werden, falls man nur den Warennamen zur Hand hat.	
Industrie Handelskammer Übersicht Exportkontrolle EU- Sanktionen **https://www.ihk.de/stuttgart/fuer-unternehmen/international/import-export/exportkontrolle/embargolaender-675322** Übersicht der IHK (Stuttgart) über die Exportprüfung im Bezug auf US-Sanktionen. Eine sehr genaue Schritt-für-Schritt-Anleitung mit Verlinkungen zu weiterführenden Webseiten.	

Industrie Handelskammer Übersicht Exportkontrolle US-Sanktionen https://www.ihk.de/stuttgart/fuer-unternehmen/international/import-export/exportkontrolle/us-re-exportkontrolle-4265022 Übersicht der IHK (Stuttgart) über die Exportprüfung im Bezug auf US-Sanktionen. Eine sehr genaue Schritt-für-Schritt-Anleitung mit Verlinkungen zu weiterführenden Webseiten.	
Frühwarnliste der Bundesregierung https://www.ihk.de/fulda/international/export-import/ exportkontrolle/fruehwarnschreiben-der-bundesregierung-2503890 Hier handelt es sich um eine offizielle Liste der Bundesregierung über ausländische Unternehmen, die im Verdacht stehen, Zulieferer für sanktionierte Produzenten von Rüstungsgütern, ABC-Waffen und Trägersystemen zu sein, und sich aktiv um die Umgehung von Sanktionsmaßnahmen bemühen. Die Liste ist nicht frei öffentlich **zugänglich, sondern die Abfrage erfolgt über Antrag bei der Industrie- und Handelskammer unter diesem Link. Sollte der Geschäftspartner hier gelistet sein, ist eine strenge Prüfung und Absicherung notwendig (am besten sollte aber wohl vom Geschäft abgesehen werden).**	

Österreich

BMAW Exportkontrolle: https://www.bmaw.gv.at/Themen/Exportkontrolle.html Übersicht des Bundesministeriums für Arbeit und Wirtschaft über die Exportkontrolle, mit Auflistung der Sanktionenpakete gegen Russland und Verlinkung zu tiefer gehenden Informationen zu Export und Import. Am Ende der Webseite wird auch direkt zu den Anträgen verlinkt.	

BMAW Waffenembargos https://www.bmaw.gv.at/Ministerium/Rechtsvorschriften/aussenwirtschaftsrecht/Ausnahmen-von-Waffenembargos.html Übersicht des Bundesministeriums für Arbeit und Wirtschaft über bestehende EU und OSZE-Waffenembargos.	
WKO Übersicht zum Außenwirtschaftsrecht https://www.wko.at/exportkontrolle Mit Weiterverlinkungen ausgestattet handelt es sich um eine sehr detaillierte Übersicht über die geltende außenwirtschaftliche Rechtslage durch die Wirtschaftskammer Österreich.	

WKO Übersicht zu Embargos und Sanktionen der EU https://www.wko.at/aussenwirtschaft/aussenwirtschafts- zollrecht#heading_Embargos_und_Sanktionen Selbe Webseite wie oben, allerdings mit direkter Zentrierung auf die einzeln aufgelisteten Länder, gegen welche die EU Sanktionen erlassen hat. Durch den Klick auf die einzelnen Länder erhält man eine sehr guten Überblick über die jeweils vorliegenden EU-Sanktionen.	
WKO Übersicht zu Dual-Use-Regelung https://www.wko.at/aussenwirtschaft/dual-use-regelung Übersicht der Wirtschaftskammer Österreich bezüglich Dual-Use-Regelungen, inklusive der Beschreibung der Genehmigungsarten und Verlinkung zu weiteren Detailinformationen und zur Antragsstellung.	

Sonstige nützliche Webseiten

Online-Prüftool ezt https://auskunft.ezt-online.de/ezto/EztSucheCopy.do#zie Sehr nützliches Gratis-Online-Tool zur Prüfung von TARIC-Codes/Zolltarifnummern, für die Prüfung von Waren-Codes, explizit für die Suche nach Einschränkungen der Ein- oder Ausfuhr für das bestimmte Ursprungs-/Empfängerland. Es werden neben einzuhaltenden Embargos noch weitere Einschränkungen angegeben, z.B. einzuhaltende Umweltauflagen.	
Umrechnungstabelle Zolltarifnummer/Dual Use-Gut https://circabc.europa.eu/ui/group/654251c7-f897-4098-afc3-6eb39477797e/library/9740a59c-c061-4ba2-ae8c-c2061b42faa9/details Direktlink zum Download der Excel-Tabelle zur Umrechnung von Zolltarifnummern zu Dual-Use-Gütern.	
Schiffsprüfung https://www.vesselfinder.com/ Erlaubt die Suche nach Schiffen, deren Routen und weitere Informationen, wie etwa unter welcher Flagge die Schiffe fahren. Geeignet um Hinweise für etwaige Umgehungsgeschäfte zu prüfen.	